大学思政研究丛书

西南科技大学"思想的力量"辅导员工作室资助项目

四川省委教育工委"三全育人"综合改革试点资助项目：
西南科技大学"依托'共建与区域产学研联合办学'体制
构建'三全育人'创新链综合改革试点"

高校"三全育人"改革实践研究

——基于显性教育与隐性教育的融合统一

廖成中　程晓娟　夏玉姣　刘真君　●　著

GAOXIAO "SANQUAN YUREN"
GAIGE SHIJIAN YANJIU
—— JIYU XIANXING JIAOYU YU
YINXING JIAOYU DE RONGHE TONGYI

四川大学出版社
SICHUAN UNIVERSITY PRESS

图书在版编目（CIP）数据

高校"三全育人"改革实践研究：基于显性教育与隐性教育的融合统一 / 廖成中等著. — 成都：四川大学出版社，2022.8
（大学思政研究丛书）
ISBN 978-7-5690-5651-8

Ⅰ. ①高… Ⅱ. ①廖… Ⅲ. ①高等学校－思想政治教育－研究－中国 Ⅳ. ① G641

中国版本图书馆 CIP 数据核字（2022）第 159023 号

书　　名：	高校"三全育人"改革实践研究——基于显性教育与隐性教育的融合统一
	Gaoxiao "Sanquan Yuren" Gaige Shijian Yanjiu——Jiyu Xianxing Jiaoyu yu Yinxing Jiaoyu de Ronghe Tongyi
著　者：	廖成中　程晓娟　夏玉姣　刘真君
丛 书 名：	大学思政研究丛书

丛书策划：庞国伟　梁　平
选题策划：梁　平　王　静
责任编辑：王　静
责任校对：吴连英
装帧设计：璞信文化
责任印制：王　炜

出版发行：四川大学出版社有限责任公司
　　　　　地　址：成都市一环路南一段24号（610065）
　　　　　电　话：（028）85408311（发行部）、85400276（总编室）
　　　　　电子邮箱：scupress@vip.163.com
　　　　　网　址：https://press.scu.edu.cn
印前制作：四川胜翔数码印务设计有限公司
印刷装订：四川盛图彩色印刷有限公司

成品尺寸：170mm×240mm
印　　张：9.75
字　　数：191 千字

版　　次：2022 年 8 月 第 1 版
印　　次：2022 年 8 月 第 1 次印刷
定　　价：58.00 元

本社图书如有印装质量问题，请联系发行部调换

版权所有 ◆ 侵权必究

四川大学出版社
微信公众号

前　言

大学生是国家的未来、民族的希望。在新的历史时期,做好大学生思想政治教育工作是高校培养堪当民族复兴重任的时代新人的基本要求,也是每一位高校思想政治工作者面临的首要问题。

2017 年 2 月,中共中央、国务院印发的《关于加强和改进新形势下高校思想政治工作的意见》明确提出了"三全育人"("三全"指全员、全过程、全方位)的高校思想政治工作理念和要求。"三全育人"中的"全员"包括高校、家庭、社会及其他组织等能发挥思想价值引领的育人主体,"全过程"从时间的维度强调育人的持续性和完整性,"全方位"则呈现了空间范围内育人的广度和深度,高校"三全育人"最终会落实到"培养什么人、怎样培养人、为谁培养人"这一根本问题上。因此,全国各地高校围绕"三全育人"加强思想政治教育工作,努力探索适合高校思想政治教育工作特点的新范式。2019 年 3 月 18 日,习近平总书记亲自主持召开了思想政治理论课教师座谈会并在讲话中明确指出,思想政治理论课改革创新"要坚持显性教育与隐性教育相统一"[①],这为推进高校思想政治教育的创新发展及高校开展"三全育人"改革实践提供了新的根本遵循。

本书坚持将理论与实践相结合,从显性教育与隐性教育融合统一的视角研究高校"三全育人"改革实践,形成了研究框架。第一章阐明了"三全育人"的基本概念与内容体系,为推进高校育人改革实践提供借鉴。第二章系统梳理了显性教育与隐性教育的区别与联系,以探索二者融合的可行性。第三章从显性教育的角度出发,强调了显性教育在思想政治教育中的作用,突出显性教育在育人过程中的重要地位。第四章从隐性教育的角度出发,深度挖掘各种类型的隐性教育资源,以达到潜移默化的教育效果。第五章着重探讨了显性教育与隐性教育融合的机理、主要问题及基本要求,全面地分析了二者融合如何统一

---

① 《习近平主持召开学校思想政治理论课教师座谈会》,http://www.gov.cn/xinwen/2019-03/18/content_5374831.htm。

推动构建高校育人体系。第六章在显性教育与隐性教育融合创新的基础之上探索了实践之路,通过开展校园文化活动、社会实践活动及网络社交活动等具体育人实践,不断提升高校思想政治教育工作的质量。

高校"三全育人"综合改革既是对当下高校育人模式、载体、资源的整合,更是对长远育人格局、体系、标准的重新构建。本书基于显性教育和隐性教育的融合统一,系统研究高校推进"三全育人"的改革实践,有利于探索提升高校思想政治教育的实效性。特别是根据新时期学生思想实际与学生的个性特点,本书整理的16个典型真实案例,既有学校整体层面推进"三全育人"的综合改革实践,也有具体实操层面的典型个案,全面展示了高校在"三全育人"过程中通过显性教育、隐性教育及二者的融合统一,不断加强和改进大学生思想政治教育的改革实践成果,为当前高校深化推进"三全育人"提供了一定的参考和借鉴。

目 录

第一章 导 论 …………………………………………………………（ 1 ）
 第一节 新时代高校推进"三全育人"改革实践的重要性…………（ 1 ）
 第二节 新时代高校推进"三全育人"改革实践的分析框架………（ 7 ）

第二章 认识基础：显性教育与隐性教育的共性与差异………………（ 24 ）
 第一节 显性教育与隐性教育概述…………………………………（ 24 ）
 第二节 显性教育与隐性教育的共性………………………………（ 28 ）
 第三节 显性教育与隐性教育的差异………………………………（ 37 ）

第三章 春风化雨：坚持显性教育 坚守大学生思想政治教育主阵地 …（ 53 ）
 第一节 显性思想政治教育的内涵与特点…………………………（ 53 ）
 第二节 显性思想政治教育的优势与不足…………………………（ 58 ）
 第三节 发挥显性思想政治教育优势的途径………………………（ 63 ）

第四章 润物无声：坚持隐性教育 拓展大学生思想政治教育领域……（ 77 ）
 第一节 隐性思想政治教育的内涵与特点…………………………（ 77 ）
 第二节 隐性思想政治教育的优势与不足…………………………（ 83 ）
 第三节 探索隐性思想政治教育的途径……………………………（ 89 ）

第五章 融合创新：推进大学生思想政治教育中显性教育与隐性教育
   融合统一……………………………………………………（101）
 第一节 大学生思想政治教育中显性教育和隐性教育的融合机理……（101）
 第二节 大学生思想政治教育中显性教育和隐性教育融合存在的问题
   …………………………………………………………………（103）
 第三节 大学生思想政治教育中显性教育和隐性教育融合的基本要求
   …………………………………………………………………（106）

第六章　实践进路：搭建显性教育和隐性教育融合平台　创新高校"三全育人"路径 …………………………………………………(120)

　　第一节　搭建校园文化活动平台推进融合………………………(120)

　　第二节　搭建社会实践活动平台推进融合………………………(130)

　　第三节　搭建网络社交媒体平台推进融合………………………(139)

参考文献 ……………………………………………………………(144)

后　　记 ……………………………………………………………(149)

第一章 导 论

教育兴、国家兴，教育强、国家强。教育是民族振兴、社会进步的重要基石，关系着国家的前途命运。中国特色社会主义进入新时代，党和国家事业发展迫切需要培养造就大批德才兼备的高素质人才。教育是国之大计、党之大计。从党和国家事业发展全局的高度，坚持社会主义办学方向，为党育人、为国育才，培养德智体美劳全面发展的社会主义建设者和接班人，加快推进教育现代化，办好让人民满意的教育，这是新时代高校的重要使命与责任担当。因此，高校紧紧抓住党和国家事业"后继有人"这个根本，推进"三全育人"改革实践，加快教育供给侧改革，提供优质教育，努力培养担当民族复兴大任的时代新人，是时代之需、发展之需、国家之需、人民之需。

第一节 新时代高校推进"三全育人"改革实践的重要性

一、"三全育人"改革实践的提出

"三全育人"是新时代加强和改进高等学校思想政治工作、培养堪当民族复兴大任时代新人的一项重大创新举措，是针对"培养什么人、如何培养人、为谁培养人"的教育根本问题，引导高校把各项工作重点和目标落在立德树人根本任务上来的发展要求。"三全育人"是我国教育工作发展过程中不断总结、凝炼和创新的成果，萌芽于"三育人"，探索于"三个面向""四有新人""素质教育"，发展于"加强和改进大学生思想政治教育"，成熟于"五育并举"，是我国教育思想和教育工作与时俱进、不断创新的结果。

(一)"三全育人"的萌芽

1950年,中国教育工会第一次全国代表大会首次提出了"三育人"概念,即"教书育人,管理育人,服务育人"[①]。从"三育人"的提法来看,育人工作不仅仅是在课堂教学中,也涵盖了学校的管理、服务等其他工作,育人的主体不仅是授课的教师,还包括了行政管理人员和其他服务人员。1957年,毛泽东同志指出:"思想政治工作,各个部门都要负责任。共产党应该管,青年团应该管,政府主管部门应该管,学校的校长教师更应该管。"[②] 这表明育人主体除了涵盖学校教学、管理、服务的所有人员,还从学校拓展到政府、党政机关和其他部门,育人工作是全社会应该共担的责任,从这里可以看到"三全育人"中关于全员育人主体的雏形。

(二)"三全育人"的探索

1978年,我国进入改革开放和社会主义现代化建设的新时期。对于教育该怎么发展,人才该怎么培养,邓小平提出"教育要面向现代化,面向世界,面向未来"[③]的观点,并指出"现在中国提出'四有',有理想、有道德、有文化、有纪律……"[④]"三个面向"和"四有"确立了我国的教育发展目标,确立了思想政治教育目标。1999年,中共中央、国务院颁布的《关于深化教育改革全面推进素质教育的决定》,强调知识教育与思想教育并重,注重学生德智体等方面全面发展,在新中国教育史上具有里程碑和划时代意义,对我国教育目标和教育模式来说是一个突破。这个时期虽然没有明确提出"三全育人"的概念,但有关论述提到了"三全育人"的实施途径,包括对育人主体、育人时间、育人空间的一些要求:从育人主体上提出建立全员育人的网络系统,发挥教师管理人员及党团支部的作用;从育人时间上,从新生入学到毕业整个过程中的主要阶段要做好思政工作;从育人空间上,要建立可执行的机制和制度,实施两课,开展好实践活动等。

---

① 王文学:《对素质教育中加强"三育人"工作的思考》,《中国冶金教育》,2000年第3期,第14页。
② 中共中央文献研究室编:《毛泽东文集(第七卷)》,人民出版社,1999年,第226页。
③ 邓小平:《邓小平文选(第三卷)》,人民出版社,1993年,第35页。
④ 邓小平:《邓小平文选(第三卷)》,人民出版社,1993年,第190页。

(三) "三全育人"的发展

2004年,中共中央、国务院颁布的《关于进一步加强和改进大学生思想政治教育的意见》指出:"要建立健全党委统一领导、党政群齐抓共管、有关部门各负其责、全社会大力支持的领导体制和工作机制,形成全党全社会共同关心支持大学生思想政治教育的强大合力。"① 文件强调了思想政治教育要贯穿学校教育教学过程的始终,明确了学校和社会各部门、各单位的育人责任,以形成全社会在思想政治教育工作上的育人合力。2005年1月,全国加强和改进大学生思想政治教育工作会议召开,会议指出要"全方位推进大学生思想政治教育,多方面促进大学生全面发展","要把社会各方面的力量动员起来,把社会各方面的资源整合起来,使它们充分发挥作用、密切配合,积极营造大学生健康成长的良好环境"②。会议上进一步强调了思想政治教育工作的全员性、全时性、全场域性,同时指明了有效的思想政治教育育人工作需要人人承担、时时贯彻、处处跟进。这些提法和论述说明了"三全育人"理念开始进入了一个较快的发展期。

(四) "三全育人"的成熟

2016年12月召开的全国高校思想政治工作会议,强调"要坚持把立德树人作为中心环节,把思想政治工作贯穿教育教学全过程,实现全程育人、全方位育人,努力开创我国高等教育事业发展新局面"③。2017年2月,中共中央、国务院印发的《关于加强和改进新形势下高校思想政治工作的意见》,进一步明确提出了"三全育人"的高校思想政治工作理念和要求。围绕这些要求,2017年12月教育部印发了《高校思想政治工作质量提升工程实施纲要》,详细规划了从课程、科研、网络、心理、实践、文化、管理、服务、资助、组织十个方面开展育人工作,实现思想政治育人工作的系统化和一体化。2018年5月和10月,教育部办公厅先后发文《关于开展"三全育人"综合改革试点工作的通知》《关于开展第二批"三全育人"综合改革试点工作的通知》,分两次在全国遴选、

---

① 《中共中央 国务院印发〈关于进一步加强和改进大学生思想政治教育的意见〉》,http://www.moe.gov.cn/jyb_xwfb/gzdt_gzdt/moe_1485/tnull_3939.html。
② 《胡锦涛在全国加强和改进大学生思想政治教育工作会议上发表重要讲话强调 进一步加强和改进大学生思想政治教育工作 大力培养造就社会主义事业建设者和接班人》,《人民日报》,2005年1月19日第1版。
③ 张烁:《习近平在全国高校思想政治工作会议上强调 把思想政治工作贯穿教育教学全过程 开创我国高等教育事业发展新局面》,《人民日报》,2016年12月9日第1版。

委托 8 个试点区、25 个试点高校、92 个试点院（系）推动"三全育人"综合试点工作实施。2020 年 1 月，教育部出台的《新时代高等学校思想政治理论课教师队伍建设规定》，强调高等学校应当积极落实"三全育人"要求，构建完善的"立德树人工作体系"，调动广大教职工积极、主动参与思想政治理论教育，动员各方面力量支持、配合思想政治理论课教师开展教学、科研、实践等工作，提升思想政治理论课教学效果。2020 年 4 月，教育部等八部门联合出台了《关于加快构建高校思想政治工作体系的意见》，对思想政治工作贯穿教育教学全过程提出了更加明确的指引。从以上可以看出，党中央和政府密集发文，精心架构推进"三全育人"改革实践的顶层设计，为全面实现全员化、全方位化、全过程化的思想政治教育工作体系提供政策依据和理论支持。

与此同时，学术界结合党和国家要求以及高校的实践，对"三全育人"的目标、内涵、实现路径等展开了深入的研究和探讨，取得了丰富的研究成果，为"三全育人"工作的推进提供了丰富的理论与实践借鉴。

就目标而言，有学者提出要构建内容完备、标准清晰、运行规范、保障有力、成效明显的一体化高校思想政治工作体系，做到学科体系、教学体系、教材体系、管理体系融会贯通，形成全员、全过程、全方位的大主体、大场域、大时空的育人大格局。还有学者提出全员育人就是要面向全体教职员工，要求每个人都要立足本职工作自觉开展直接或间接育人工作，其实质就是要求全体人员更新教育观念，重视引领学生的思想政治发展方向，增强其责任心，使其能担当有作为，从而落实立德树人的根本任务。全过程育人就是面向教育教学的全过程，形成全领域、全时段的育人机制，其实质是教育教学的各个环节、学生成长成才的各个阶段都要落实思想政治教育工作，实现时时用力、久久为功的育人效果。全方位育人就是面向多空间维度、打通断点盲点、建立联动机制、形成强大育人合力，其实质是突破空间限制，充分运用课堂内外、学校内外、线上与线下等多元、多样、多层级的教育载体，发挥各场域的育人功能，实现处处着力、处处有力的育人效果。

党和国家先后多次发文推进"三全育人"改革实践，对高校思想政治教育进行了全方位的部署，提出了任务清单、时间表、路线图；各个高校和学者围绕"三全育人"开展的大量实践和理论研究表明，"三全育人"改革实践进入了全面展开、扎实推进的成熟时期。

二、"三全育人"改革实践的意义

(一)"三全育人"改革实践是落实立德树人根本任务的内在要求

培养什么人,是教育的首要问题。从新中国成立到现在,我国的教育目标不断演化,虽然有所改变,但始终坚持以立德树人为根本任务培养社会主义接班人。

立德树人深刻揭示了我国教育的本质特征和任务要求。当今的世界是科学技术引领社会发展的世界,谁掌握了先进科学技术,谁就掌握了发展的主动权。我国要推进社会主义现代化强国建设,就必须造就一大批德才兼备、为党分忧、为国图强、为民奋进的优秀人才。2012年党的十八大报告指出要把立德树人作为教育的根本任务,培养德智体美全面发展的社会主义建设者和接班人。可见,立德树人是培养担当国家兴旺发达、民族复兴大任时代新人的中国特色社会主义教育的本质要求,是推进中国特色社会主义教育事业蓬勃发展的核心和关键,也是高校的立身之本。

立德树人契合中国传统文化对人格魅力和人格修养的要求。在《管子》中,书中提到"十年之计,莫如树木;终身之计,莫如树人"[①]。"立德""树人"提出之后,其内涵也不断丰富并成为我国主流价值观念之一,受到国人的推崇。新中国成立后,立德树人成为社会主义现代化教育的目标与任务。

"三全育人"是践行立德树人根本任务的重要举措和行动指南。它围绕"立德树人"这个核心,以"培养什么人"为价值引领,以"怎样培养人"来谋篇布局,是由育人主体要素、时间要素、空间要素三者协同、协力构建而成的一种新的育人模式。

推进"三全育人"改革实践,整合校内校外多种思想政治教育资源,推进思想政治教育队伍的建设,把立德树人融入思想引领、价值塑造、知识传授、能力培养等各个育人环节,使各种教育资源综合应用产生聚力效应,形成立体育人格局,将党的教育方针落到实处,培养高素质学生,为国家育英才,这与立德树人的根本任务相契合。

---

① 李山译注:《管子》,中华书局,2016年,第32页。

（二）"三全育人"改革实践是完善思想政治工作体系的必由之路

"思想政治工作是学校各项工作的生命线，各级党委、各级教育主管部门、学校党组织都必须紧紧抓在手上。"① 高校亟需落实好立德树人根本任务，为党和国家培养栋梁之材。

新中国成立以来，特别是改革开放以来，高校思想政治工作不断得到重视和加强，但受多种因素的影响，还是存在不同程度的思想政治教育的弱点、断点、盲点。面对这种困境，亟需加强思想政治工作，探寻创新我国思想政治工作的新模式、新方法。有学者提出："在此背景下，我国教育界的专家学者纷纷提出高校思想政治教育的新理念和方法，或强调生活模式，或强调体验模式，或强调活动模式，或强调理性模式，或强调情感模式等等……"② 但这些都未能从根本上解决问题。

立德树人是一项系统工程，是由诸多要素有机组合的整体，要整体推进，全面加强，不留弱点、短板。否则，如"木桶理论"所揭示的道理：短板就会影响整体工作的深度、效度和广度。

因此，在系统观、协同观的理论与实践推动下，以"政府主导""公众参与""社会协同"为特征的"三全育人"思想政治教育工作新模式应运而生。建立"三全育人"模式，将全员育人的理念渗透到全社会中，尤其是渗透到教学、管理、服务等教职员工中，让每位教职员工都能提升思想认识，提高其工作能力，并积极参与立德树人"大思政"育人工作中；做到全程育人，加强不同教育阶段的思想政治教育工作并做到有效衔接；进行全方位育人，充分挖掘思想政治教育各类资源，推动思政课程和课程思政协同发展，实现包括课内外、校内外、真实与虚拟、线上与线下等多场域、多种教学方法和方式的变革。这种宏大而系统的"三全育人"思路，为思想政治工作注入了新的生机和可能。由此观之，"三全育人"模式体现了思想政治工作发展的实践诉求和内在逻辑。

---

① 张烁：《习近平在全国教育大会上强调 坚持中国特色社会主义教育发展道路 培养德智体美劳全面发展的社会主义建设者和接班人》，《人民日报》，2018年9月11日第1版。
② 杨超：《高校思想政治工作"三全育人"模式：内涵、逻辑与关键节点》，《高校马克思主义理论教育研究》，2021年第3期，第109页。

(三)"三全育人"改革实践是应对现实复杂育人环境的必要举措

从国际形势看,全球的各种科技竞争、人才竞争、资源竞争更加激烈。毕竟,随着经济全球化和科学技术迅猛发展,科技、教育、人才的重要性更加凸显,高等教育的格局、人才需求的结构和未来学习的模式也会全面发生变化。从国内形势看,我国已开启全面建设社会主义现代化国家新征程,改革攻坚进入深水区,特别是现代的多媒体技术和开放的网络,加强了各种思潮之间的相互激荡,给大学生的世界观、人生观、价值观带来了较大影响。从高等教育发展看,"办好世界一流大学、建设高等教育强国还存在不小差距,发挥高校思想政治工作支撑作用就显得更加重要"[①]。构建与时俱进的思想政治教育工作系统,提高思想政治教育工作成效,已成为突出的时代性课题。

大力倡导和深化立德树人正是破解这一突出的时代性课题的迫切需要,是新时代高校推进思想政治教育工作的艰巨任务。因此,深度推进"三全育人"改革实践,需要立足我国经济社会发展需要,顺应高等教育和人才培养发展趋势,统筹育人资源和育人力量,打通思想政治素质与知识能力增长、道德习惯养成,构建一体化思想政治工作体系。以立德树人为中心环节,既"立德",培养学生明大德、守公德、严私德;又"树人",培养学生厚德、博学、明辨、笃行。做到"立德"与"树人"有机统一,增强人才培养的科学性、思想性、时代性、前沿性、先进性、创新性,推动高校思想政治工作因事而化、因时而进、因势而新,是应对复杂育人环境的应然之举。

第二节 新时代高校推进"三全育人"改革实践的分析框架

通过"三全育人"改革实践推进高校思想政治工作的改革创新,以实现立德树人的根本任务,让"三全育人"改革实践落地生根,这是一个理论问题,也是一个实践问题。只有弄通"三全育人"理念蕴含的理论逻辑,厘清基本原则,并在此基础上建构和完善实操层面的内容体系,才能将"三全育人"改革实践做实、做深、做细、做到位。

---

① 舒立春:《落实立德树人根本任务推进"三全育人"综合改革》,《思想政治工作研究》,2021年第8期,第40页。

一、理论基础

2016年12月召开的全国高校思想政治工作会议提出,"做好高校思想政治工作,要因事而化、因时而进、因势而新。要遵循思想政治工作规律,遵循教书育人规律,遵循学生成长规律,不断提高工作能力和水平"[①]。"三全育人"作为新时代加强和改进思想政治工作的一项基本原则和工作理念,能在实践中不断推进和取得巨大成效,是因为一方面它遵循了教书育人、学生成长和思想政治工作的规律,另一方面它汲取了人类文明进程中积淀的人的全面发展理论、系统论、协同论等理论精华,这些理论精华是构造"三全育人"教育科学大厦的"脚手架""骨血"。

(一)人的全面发展理论

人的全面发展是马克思关于人的发展而提出的一个重要理论,至今仍闪耀着真理的光辉。它是党的教育理念和方针政策的理论基石,也是教育所追求的目标。

马克思认为"人的依赖关系(起初完全是自然发生的),是最初的社会形式,在这种形式下,人的生产能力只是在狭小的范围内和孤立的地点上发展着。以物的依赖性为基础的人的独立性,是第二大形式,在这种形式下,才形成普遍的社会物质变换、全面的关系、多方面的需要以及全面的能力的体系。建立在个人全面发展和他们共同的、社会的生产能力成为从属于他们的社会财富这一基础上的自由个性,是第三个阶段"[②]。在前两个阶段,人的发展都是受限的、片面的,只有到了第三阶段,由于摆脱了发展的内外限制,人获得了彻底的发展,是一种完整的、和谐的、自由的发展状态。完整的发展是基于人生存所需的体力及各种技能、素质的综合全面发展。因为人是通过从事生产劳动获取所需的各种资源,人的劳动能力是人的基本能力,要满足人生存发展的各种需要,人的体力、智力以及需要的其他能力也应随之协调发展。和谐的发展包括自我的和谐发展、人与人的和谐发展及个人与社会的和谐发展,人只有处于内外和谐发展,才能实现"真正的人"的和谐。自由的发展主要指基于人的个性特征

---

① 张烁:《习近平在全国高校思想政治工作会议上强调 把思想政治工作贯穿教育教学全过程 开创我国高等教育事业发展新局面》,《人民日报》,2016年12月9日第1版。
② 中共中央马克思恩格斯列宁斯大林著作编译局编译:《马克思恩格斯全集(第三十卷)》,人民出版社,1995年,第107~108页。

而实现的差异性发展。由于人的生物特性、成长环境不同，个体之间存在体力、智力、兴趣、禀赋、能力等多种差异，也正是这些差异使社会多姿多彩，因此，我们应在满足个体需要的同时促进其个性解放。

基于人的全面发展理论，教育的出发点和目标都应指向处于一定社会关系中的现实的人，通过一定措施和手段激发受教育者的内在动力，促进他们体力、智力协调发展，审美、沟通能力增强，德行、修养水平提高，实现自我和谐、关系和谐、社会和谐，并在社会这个大熔炉中通过创造社会价值实现自我价值。

"三全育人"内化了人的全面发展理论，它以"育人"为目标，以"三全"为方法，通过整合资源、创造机会、营造育人氛围，发挥组织的系统力量，形成教学、科研、文化、管理、服务、组织、网络等育人格局，通过线上与线下结合、显性和隐性结合、校内与校外结合，让育人渗透到教育过程的每个环节，全方位地开展育人活动；同时充分发挥受教育者的主体性和自主性，通过提升自我教育意识，达到全面协调发展综合素质，形成社会所要求的能力素质和良好品格的目的。

因此，人的全面发展既是"三全育人"构建的理论基础，也是其追求的价值目标。

（二）系统论

我国著名科学家钱学森曾就"什么叫系统"进行过解释。系统就是由许多相互关联、相互制约的部分所组成的整体。系统工程就是强调从事物的整体考虑，从全局出发、整体构建和实施计划，以此解决问题、实现目标、实现预期结果。系统论是研究系统的结构、特点、规律的理论，其基本思想是把研究和处理的对象看作一个整体，同时又关注各要素的联系性和对外的开放性。联系性是指系统中的各个要素不是孤立的存在，是处于系统的特定位置才发挥其特定的要素作用，如果脱离这个系统也就失去了要素的意义。

思想政治教育是一个系统工程，是由教育者、受教育者、教育环境等诸要素组合而成的一个复杂综合体。客观上要求全体师生在顶层设计、制度落实、社会支持等条件下发挥其各自的组织能力，形成合作、配合、互补、同步的协同效应；将显性教育与隐性教育有机结合在一起，实现理论引领与言行示范育人的同向发力，充分体现了系统论在教育中的应用。

实现全员育人、全过程育人、全方位育人的"三全育人"构建，正是遵循了系统论原理。从广义上看，需要在全社会建构育人模式；从狭义上看，由学校推动建构上下联动、全员参与、涉及学生全面发展、全时空发力的育人模式。

"三全育人"教育模式的构建，是把高校的思想政治教育工作看作一个系统工作，重视系统内部即学校的各种育人要素的有机组合，打破条块分割、各自发力的孤军奋战、单打独斗；而且更重视从全国范围内建构思想政治育人工作的大系统，实现校内外各子系统之间互通信息、共享资源、共建平台，互利互惠、相互促进、相互成就，最后既提高育人效果又节约社会资源。故此，也有学者认为，"三全育人"优势是在遵循系统内部各要素的优化组合、密切合作的基础上，统筹协调各级组织、机构、人员，形成联动机制，建立系统完备、科学规范、运行有效的育人体系。

由此可见，"三全育人"既注重挖掘内部系统动力源，又注重内外系统交互良性循环；既注重育人生态系统建设，又注重制定各项激励政策，形成系统联动模式。

（三）协同论

协同论是物理学家赫尔曼·哈肯在20世纪70年代提出的理论。"在一个开放系统中各组成部分不断地相互探索新的位置、新的运动过程或新的反应过程，系统的很多部分都参与这种过程。"[①] 在系统论的基础上，研究者发现系统内部的各个子系统相互之间如果处于良性互动之中，会让整个系统生成新的结构，实现新的功能，超越单个子系统的能量和功用之和。赫尔曼将这种现象命名为"协同论"，并从开放效应、伺服原理和自组织原理三个方面展开论证。其中，开放效应是指子系统与开放的外部环境良性互动得到发展，而提升后的子系统之间达到动态平衡（临界点）能增强整个系统效能，产生 1+1>2 的效果。伺服原理将系统内部的若干子系统分成序参量和其他状态变量，序参量在系统中处于核心地位，对系统的整体结构、功能和演变起关键性的支配作用。自组织原理是指系统的子系统在没有外部信息流和物质流的影响下，内部各成员协同合作，自发形成的有序结构。

协同论的原理与高校"三全育人"的本质和内涵具有高度的契合性。[②] "三全育人"在育人主体、育人过程、育人空间上的开放性契合了协同论的开放效应："三全育人"的育人主体从传统的思想政治理论课教师扩展到专业教师、管理人员、后勤服务人员，从思政工作部门扩展到其他行政管理部门，从学校扩

---

① 哈肯：《协同学——大自然构成的奥秘》，凌复华译，上海译文出版社，2005年，第191页。
② 张睿：《协同论视域下高校"三全育人"实施的机理与路径》，《思想理论教育》，2020年第1期，第101页。

展到社会、家庭和其他机构，并且都赋予了相关教育责任；"三全育人"的育人过程从接受学校教育教学的时间扩展到学生生活的全过程；育人空间也形成由课内与课外、线上与线下、现实与虚拟多维空间的结合。

根据伺服原理，"三全育人"涉及的要素在思想政治教育中起的作用也是有层次划分，"三全育人"能有序开展的关键因素是要以立德树人为根本任务，遵循教书育人、学生成长及思想政治工作规律，并在此基础上充分发挥教育资源、场域和行政力量，产生行动合力。由此，可以确定"三全育人"明确任务遵循规律是序参量，教育资源、场域、行政力量、行动力量对"三全育人"的开展有重要影响，构成其状态变量，但不是决定性因素。"三全育人"改革实践所有工作的推进都是围绕立德树人任务和遵循规律展开的，从而产生聚合协同效应。可见，从协同论视角来看，"三全育人"教育模式的内在逻辑是通过将各类教育资源有机组合，以立德树人作为共同价值目标激励育人主体发挥主观能动性，有效协同参与到思想政治育人工作的育人理论探讨和育人实践教育工作中。

按照协同论，在全员育人层面，要加强横向力量协调，通过合作层面的资源共享、行动层面的力量共享、价值层面的理念共享形成主体间的协作效应；在全过程育人层面，要加强纵向链接，形成思想政治教育管理工作和教学中的育人工作衔接，家庭、各层次各类别学校、社会包括各类企业、媒体等在价值观教育上实现互动和整合，形成长期效应；在全方位育人层面，要加强包括课内课外的有机联动，线上线下的有机联动，家庭、学校、企业、社会等场域的有机联动，形成融合效应。最终要将思想政治工作做到三个贯通：贯通大学培养过程各阶段，实现思想政治工作"无缝衔接"；贯通基础教育与高等教育，实现思想政治工作"纵向到底"；贯通在校教育与离校教育，实现思想政治工作"横向到边"。

二、基本原则

（一）"五育并举"育人原则

基于人的全面发展理论，推进"三全育人"改革，要坚持"五育并举"育人原则。"五育并举"育人原则是指高校落实立德树人根本任务，要从德、智、体、美、劳五个方面培养社会主义建设者和接班人。

"五育并举"育人原则是党的教育方针不断发展的成果。1957年2月，《关于正确处理人民内部矛盾的问题》提出德智体全面发展教育目标。1999年6月，中共中央、国务院在《关于深化教育改革　全面推进素质教育的决定》中提出，以提高国民素质为根本宗旨，以培养学生的创新精神和实践能力为重点，造就有理想、有道德、有文化、有纪律的德智体美等全面发展的社会主义事业建设者和接班人。2018年9月，全国教育大会提出培养德智体美劳全面发展的社会主义建设者和接班人，要努力构建德智体美劳全面培养的教育体系，形成更高水平的人才培养体系。这是德智体美劳教育方针的首次提出，体现了"五育并举"的育人原则。从德智体"三育人"到德智体美教育原则，再到德智体美劳"五育并举"育人原则，是教育创新的结果，也是充分把握育人规律的结果。

如何贯彻落实"五育并举"育人原则呢？2018年9月召开的全国教育大会明确指出立德树人要聚焦在坚定理想信念、厚植爱国主义情怀、加强品德修养、增长知识见识、培养奋斗精神、增强综合素质、提高身体素质、提高审美和人文素养、弘扬劳动精神等方面开展工作。入选教育部第二批"三全育人"综合改革试点的高校——天津大学提出了德育铸魂计划、智育固本计划、体育强健计划、美育浸润计划、劳育淬炼计划。

（二）一体化育人原则

一体化育人原则是指全面协调统筹国家社会学校各领域、教育教学管理服务各环节、人才培养有形无形各类资源，从整体上构建育人工作体系，实现各项育人工作资源互通、力量互补、目标一致。"三全育人"改革实践就是基于一体化育人原则，从系统论、协同论视角，统筹立德树人教育工作涉及的内外系统资源、力量和场域，从大系统到子系统，从子系统到系统内部要素，把每项工作做细、做实、做到位。

贯彻落实一体化育人原则意义重大。有些学者指出提升高等学校思想政治工作效果的关键是要构建有完备系统、严密逻辑、内容丰富、形式多样的一体化"三全育人"实践研究体系。还有些学者强调要建立完善的高校思想政治工作体系就必须构建一体化、全贯通的"三全育人"工作体系，只有坚持做到各子系统之间以及系统内外之间的系统性、整体性、协同性，才能广泛激活育人主体、有效联结育人力量、全面覆盖育人对象，打造有温度、有质感，可触摸、可感通的高校思想政治工作。

党的十九届五中全会审议通过的《中共中央关于制定国民经济和社会发展第十四个五年规划和二〇三五年远景目标的建议》，将"坚持系统观念"作为"十四五"时期我国经济社会发展必须遵循的五项原则之一，指明了提高社会主义现代化事业组织管理水平的方向。教育部两次推行高校思想政治工作"三全育人"综合改革试点,以问题为导向、聚焦短板弱项,破解高校思想政治工作中存在的不平衡、不充分等问题,系统构建"三全育人"的宏观、中观、微观的育人体系。

宏观的一体化育人体系就是统筹协调学校、家庭和社会的育人资源,通过完善育人体系、丰富育人内涵、扩展育人渠道、创新育人载体、改善育人环境、提升育人能力,建立健全"三全育人"长效机制,切实推动高校思想政治工作供给侧结构性改革;中观的一体化育人体系主要以课程育人、科研育人、实践育人、文化育人、网络育人、心理育人、管理育人、服务育人、资助育人、组织育人等十大育人体系为基础,全面统筹办学治校各领域、教育教学各环节、人才培养各方面的育人资源,推动全体教职员工把工作的重心和目标落在育人效果上,推动高校思想政治工作融入人才培养的各环节,推动实现知识教育与价值塑造、能力培养的有机结合,构建中观的一体化育人体系;微观的一体化育人体系侧重统筹院(系)层面各项工作的育人资源,充分挖掘各项工作蕴含的育人元素和育人逻辑,并作为职责要求和考核内容融入整体制度设计和具体操作环节,构建微观的一体化育人体系。

按照一体化育人原则将"三全育人"综合改革工作落实,不是单纯一条线的工作,而应该全方位、立体交融、相互渗透、嵌入式地发挥立德树人工作的协同效应。从课程体系来说,要解决好各类课程和思想政治理论课之间的相互配合问题;从教师结构来说,要鼓励教学名师到思想政治理论课堂上讲课,要推动其他教职员工和思想政治理论课教师之间实现良性互动。有学者指出要将思想政治工作融入人才培养的各环节,贯通学科体系、教学体系、教材体系、管理体系等人才培养体系全过程,纵向推动课程育人、科研育人、实践育人、文化育人、网络育人、心理育人、管理育人、服务育人、资助育人、组织育人等十大育人体系建设,发挥场域育人作用,实现学生在哪里思想政治工作就要跟到哪里;横向推动教室、实验室、图书馆、食堂、宿舍、场馆等学生学习生活阵地建设,逐步建立学校、学院、班级三级思想政治工作支撑体系,一体化构建思想政治工作体系和高水平人才培养体系。海南大学提出要以形成一体化育人合力、完善一体化育人内容、丰富一体化育人载体、创新一体化育人路径、强化一体化育人保障为主要抓手。

(三)差异性育人原则

从人的全面发展理论、系统论、协同论等理论出发,不仅要坚持"五育并举"育人原则、一体化育人原则,还必须坚持差异性育人原则。人的自由发展

高校推进"三全育人"改革实践研究
——基于显性教育与隐性教育融合统一

意指教育应在满足个体需要的同时还应促进其个性的解放；系统论和协同论要求我们要看到事物之间的联系，要从整体上分析和解决问题，协同推进工作，而这个前提恰好科学论证了组成系统的要素是不同的，在坚持一体化融合或构建共同体时，要看到构成系统各要素的差异，如果构成系统的各要素没有差异，就不存在系统和协同了，就是同一个事物而已。

所谓差异性原则，就是要根据具体地区和人群的状况及其特点，采取有针对性的建设方法和手段。"差异性原则即世界上的任何事物都存在区别，除了表面上的区别以外更重要的是本质上的差别。这种差异性表现出来就是多样性和个体性。"① 正如同"决没有两片叶子、两个鸡蛋、两个形体会彼此完全一样，虽然它们是属于同一种类的，而我们所不能从一个概念去了解的那些无数的花样，构成别的一些个体，而不是别的种类"②。

在"三全育人"改革实践推进中，差异性育人原则就是要看到"三全育人"主体的差异、"三全育人"对象的差异，要加快建成适合每个人的教育，努力使不同性格禀赋、不同兴趣特长、不同素质潜力的学生都能接受符合自己成长需要的教育。

按照差异性育人原则，"三全育人"改革"在标准建设上，不提'一刀切'的要求、不搞'一篮子'堆砌、不做'一锤子'评价"③。在育人资源的选择上，要有特色，如盘活"本土资源"，深入挖掘本土资源蕴含的育人价值，将本土特色案例资源有机嵌入"三全育人"活动中，丰富教学资源，增强教育教学的生命力、说服力和感染力。在育人目标上，要结合学科种类、育人目标有所侧重，诸如理工类、医学类、涉农类、艺术类等不同类别的学校，人才培育目标就应结合相关人才培育的具体要求开展具体化的教育。如理工类侧重大国工匠精神培育，医学类侧重医术精湛、医者仁心精神培育，涉农类侧重培育具有"三农"情怀、知农爱农的新型人才，艺术类侧重德艺双馨、扎根人民、回馈时代精神培养，等等。

在"三全育人"综合改革试点工作开展的大背景下，各高校结合本校实际，探讨形成具有本校特色的"三全育人"实施路径。如武贵龙介绍了北京科技大学"拟重点实施'科教协同、管服结合、以文化人、实践立行、关爱学子'的

---

① 李育军：《论莱布尼茨的差异性原则》，《湖南科技学院学报》，2015年第36卷第8期，第55页。
② 莱布尼茨：《新系统及其说明》，陈修斋译，商务印书馆，2009年，第105~106页。
③ 张仙智：《高校"三全育人"综合改革实践路径探究》，《思想理论教育》，2020年第7期，第99页。

'星火北科'树人计划"①，建立健全"三全育人"保障机制，探索具有该校特色的"三全育人"实践路径。郑永安围绕思想政治理论课系列课程建设、课程思政系列课程建设、"川流不息"思政工作法、"群星计划"实践育人平台，阐述具有特色的"三全育人"体系。

三、内容体系

教育部党组2017年12月出台的《高校思想政治工作质量提升工程实施纲要》指明，要从课程、科研、实践、文化、网络、心理、管理、服务、资助、组织方面构建十大育人体系。2020年4月，教育部等八部门《关于加快构建高校思想政治工作体系的意见》中提出，切实将思想政治工作贯穿教育教学全过程，通过理论武装体系、学科教学体系、日常教育体系、管理服务体系、安全稳定体系、队伍建设体系、评估督导体系这七个子体系的规划构建，加快形成一体化、全贯通的思想政治工作体系。综合上述两个文件要求，结合高校的实际，推进"三全育人"改革实践，可以从育人队伍、育人制度、育人环境、育人方式等方面发力。

（一）构建强健有力的育人队伍

育人工作是由有育人责任的主体来完成的。要切实构建十大育人体系，推进育人工作落地生根，必须建立由党委统一领导，各部门齐抓共管的队伍机制，上下同心，增强育人主体的责任感，让各个育人主体守好自己的责任田，聚焦立德树人的目标，形成育人理念，产生育人动力，形成育人协作关系，相互配合完成育人任务。

一是抓好教学岗教师思政课程和课程思政两支育人队伍。师者，传道、授业、解惑，想要建设好大学，首先要加强教师队伍建设，"建设政治素质过硬、业务能力精湛、育人水平高超的高素质教师队伍是大学建设的基础性工作"②。在高校中，除了要发挥思想政治理论课教师的重要作用，利用好课堂教学主渠道，同时也要看到其他专业课教师在育人方面具有的优势，推进课程思政建设。《高等学校课程思政建设指导纲要》提出要全面推进高校课程思政建设，指明其

---

① 武贵龙：《三全育人：高校落实立德树人根本任务的有效路径》，《北京教育（高教）》，2018年第12期，第10页。
② 《培养社会主义建设者和接班人是根本任务》，《光明日报》，2018年5月4日第1版。

他各门课都要守好一段渠、种好责任田，使各类课程与思想政治理论课同向同行，形成协同效应，将"思政课程"育人与"课程思政"育人相结合。

二是激发管理岗位干部做好管理育人榜样示范作用。在干部选拔上，严把政治关，加强干部队伍管理与培训，按照严格标准，选好配强各级领导班子和领导干部；在管理过程中，将科学管理、科学决策、依法管理和依法决策贯穿全过程，管理岗位考核评价要把育人功能是否发挥、发挥效果如何等，纳入评奖、评优条件。同时注重管理岗位干部的群众满意度，设立"管理育人示范岗"，通过良好的管理模式和管理行为影响和培养学生，实现管理育人，同时带领其他干部共同进步，塑造高校管理育人新样态。

三是促进其他行政人员提高认识，落实岗位育人责任。在招聘过程中，根据各类服务岗位体现的育人功能，明确工作职责要求，有针对性地选择员工。在招聘完成后，对所有服务岗位员工进行素质提升计划，切实提高服务岗位员工的服务育人能力。在服务过程中，各服务单位根据本单位实际情况与相关职责开展相应的宣传教育活动，在宣传活动中潜移默化地教育师生。加强监督考核，评价服务岗位效能的依据和标准要体现服务质量和育人效果，设立高校"服务育人示范岗"，发掘树立服务育人的先进典型模范，用实际行动引领校园服务育人新风尚。

四是加强育人队伍之间的协同建设。高校内各部门要加强沟通，互通有无，及时将校内出现的问题进行反馈、调整和解决，在发挥各部门功能时，可与其他部门协作推进，实现优势互补，共同形成教育师生、服务师生的强大合力。

（二）制定完善系统的育人制度

全员育人作为"三全育人"工作中的一项子系统，其内部各要素之间也要体现系统性。如果缺乏统筹协调，各育人主体分工不清、责任不明，工作杂乱无章，将削弱育人实效。因此，要立足高校立德树人的根本任务，健全各项规章制度，建立依法治校、依规管理的育人制度体系。

一是用完善的人才制度引导育人队伍有动力、有责任育人。制定教师聘用、人才引进、工作业绩考评等相关制度，制定教师、管理干部、服务人员各类培训规则，做到教职工队伍进出有标准、培训发展有保障，把育人功能发挥纳入各岗位考核评价范围。

二是用科学的管理制度保证全员育人效果最大化。"通过建立纵横联动的网络化育人格局，确保多元育人主体同心同向同行，进而实现全员育人的协调、创新和可持续发展。"① 一方面，要坚持纵向联动，依靠党团组织的号召力和凝聚力，制定以多级党建工作为引领的纵向联动育人制度。另一方面，要坚持横向联动，制定以高校为中心的横向联动育人制度。学校是全员育人的中心环节，有责任和义务为学生的成长成才开源拓路，因此，制定全员育人横向联动制度，需要学校教学、管理和后勤部门、资助部门等各育人主体协同，形成齐头并进的横向育人体系，有效确保全员育人的常态化发展。

三是用完善科学的学生管理制度教育、规范、引导学生。"高校学生管理制度是调节和控制大学生学习、生活及与之相关的各种社会关系的准则和规范的总称，目的是通过制度的运行，把学生教育和培养成德、智、体、美全面发展的人。"② 但是在实践中，高校学生管理制度并没有真正实现其育人的核心价值取向，反而将高校的各种制度认为是约束学生、规制学生的牢笼，导致其育人效果弱化。所以，我们要切实强化管理育人，不仅仅是对高校学生，也是对其他教职工，把规范管理的严格要求和春风化雨、润物无声的教育方式结合起来，强化科学管理对道德涵育的保障功能，大力营造治理有方、管理到位、风清气正的育人环境。

（三）营造风清气正的育人环境

培育和建设好校园育人环境不仅具有美化校园的功能，最重要的是能起到育人的实质效果。随着时代的不断进步，高校育人环境不仅仅包括校园育人环境的建设，同时还有网络育人环境的培育。

加强校园现实育人环境的建设。要注重校园硬件环境的建设，打造整洁、干净、现代化的校园环境，通过环境美影响人、感染人、熏陶人，净化心灵。更要做好校园软件环境的建设，大力繁荣校园文化，提供丰富的精神粮食，实现以文化人、以文育人。同时，要加强对学校校史、校训、校风等精神内涵的凝炼和宣传，积极开展符合青年学生成长成才规律、喜闻乐见的各种文化、艺术、宣传、实践活动等。比如，结合党史学习，开展"传承红色基因 做合格建设者"实践活动，弘扬社会主义核心价值观；结合中国经典文化学习，推广"原创文化 展时代青年风貌"，提升青年学生文化自信。总之，通过建设优美环境，开展内涵丰富、积极向上、形式多样的校园文化活动，创建美丽校园、文

---

① 王娜：《新时代高校全员育人常态化的制度路径研究》，《思想政治教育研究》，2020年第36卷第3期，第113页。

② 詹明鹏：《高校学生管理制度的育人取向》，《广州大学学报（社会科学版）》，2012年第11卷第5期，第62页。

明校园、健康校园，优化校风学风，培育大学精神，滋养师生心灵、涵育师生品行、引领社会风尚。

对于网络育人环境，要利用各种平台进行育人。第 46 次《中国互联网发展状况统计报告》显示，"截至 2020 年 6 月，我国网民规模已经达到 9.40 亿，相当于全球网民的五分之一"①。其中学生群体占比较大，所以需要重视网络对于师生的影响。而打造好网络育人新空间需要从以下方面努力：一是利用微博、公众号等大众传播媒介开展内容主导型思想政治教育，弘扬时代主旋律，加强社会主义意识形态的主导与灌输；二是利用社群网络媒介开展群体凝聚型思想政治教育，深入学校团委、社团等组织进行业务教育及思想政治教育；三是高校师生利用自媒体平台开展主体交往型思想政治教育，高校师生可以利用抖音等自媒体在把握底线的基础上、以育人为目的来创作新型文艺作品，加强"融媒体+思政"建设，扎实开展网络育人。

通过培育风清气正的现实和网络育人环境，高校师生在生活、学习、科研等各方面都受到潜移默化的积极影响，广大高校师生在向上向善的氛围下认识到自身所肩负的使命与担当，有利于更好地培育有理想、有本领、有文化、有担当的时代新人。

（四）推进显隐交融的育人方式

新时代对高校的思想政治教育工作提出了新的要求，要不断创新育人方式，综合应用各种教育手段，提升育人效果，其中的教育手段之一就是推进育人工作的显隐交融。课程、科研、实践、文化、网络、心理、管理、服务、资助、组织等十大育人体系，既有显性育人，如课程育人、组织育人；也有隐性育人，如服务育人、资助育人，但更多的还是显隐交融的育人方式。

把课堂教学和实践教学有机结合起来，坚持理论教育与实践相结合，将线上教育与线下教育相结合，充分发挥师生"双主体"作用的翻转课堂，整合各类实践资源，开展"牢记时代使命 书写人生华章""千名师生同上思政课""大学生三进活动"等项目，就是以显隐交融的方式教育引导师生在亲身参与中增强实践能力、树立家国情怀。

目前，从全国各地"三全育人"改革试点单位的做法来看，既重视显性育人，也重视隐性育人，更积极推进显隐交融的育人，如案例一《办学特色与人

---

① 《CNNIC 发布第 46 次〈中国互联网络发展状况统计报告〉》，http://www.cnnic.net.cn/gywm/xwzx/rdxw/202009/t20200929_71255.htm。

才培养的深度融合：西南科技大学"三全育人"改革实践》所示。该案例中，课程建设稳步推进有利于实现"课程育人"，通过构建思想政治教育课程体系，提高显性育人水平。同时，积极运用多种方式，推进显隐交融的育人方式：科研管理部加强"科研育人"，在科研项目、成果转化等工作中融入育人元素，科研育人效果显著；校团委着力打造实践基地、组织支教活动，深入开展"新媒体新青年新作为""青春红色筑梦之旅"等主题教育推动"实践育人"；宣传部推进"文化育人"和"网络育人"，通过和二级学院合作着力打造"成人礼典礼""墨香千年"等系列校园文化产品，用中华优秀传统文化、革命文化和社会主义先进文化为师生"树魂、立根、打底色"；学生工作部统筹推进"心理育人"和"资助育人"，推行"大学生全面发展提升计划"，从"德智体美劳心"六个方面和二十三个维度对学生进行评估，为学生提供个性化的发展提升清单，引导学生健康成长；人事处强化"管理育人"，打造"服务育人示范岗"，实现"服务育人"；组织部不断健全集体领导、党政分工负责、协调运行的工作机制和议事决策机制，打造"党员之家"，开设党课选修课程，优化"组织育人"。

综上，根据思想政治教育的规律和原则，在实践中要积极探索推进显性教育与隐性教育的融合，充分发挥两者的优势，从而形成合力，以提升育人效果。

【案例一】

办学特色与人才培养的深度融合：西南科技大学"三全育人"改革实践[①]

西南科技大学是四川省人民政府与教育部共建高校，四川省人民政府与国家国防科技工业局共建高校，是由教育部确定为国家重点建设的西部14所高校之一。在该校"三全育人"改革实践中，始终坚持贯彻全国全省高校思想政治工作会议、学校思想政治理论课教师座谈会、全国教育大会精神，不忘立德树人初心，牢记为党育人、为国育才使命，以理想信念教育为核心，以社会主义核心价值观为引领，以全面提高人才培养能力为关键，以培养担当民族复兴大任的时代新人为中心，不断强化"大思政"理念，"三全育人"改革实践特色鲜明，成效显著。

---

① 本案例由西南科技大学党委宣传部提供。

高校推进"三全育人"改革实践研究
——基于显性教育与隐性教育融合统一

该校依托所在城市四川省绵阳市国家级科研院所、大型企事业单位、顶尖人才聚集的区位优势,早在1993年就开启了区域产学研联合培养高素质应用型人才的体制改革探索。近年来,聚焦"共建与区域产学研联合办学"的体制优势和办学特色,构建形成了"四维共建"[省部共建、委(局)省共建、对口支援共建、董事会共建](见表1-1)的特色办学格局,"共建与区域产学研联合办学"的探索与实践先后获教育部及四川省教学成果奖7项(见表1-2)。

表1-1 "四维共建"列表

时间	共建单位	共建维度
1993	学校各董事单位	董事会共建
2001	中国科学技术大学	对口支援共建
2006	四川省人民政府、国防科工委(国家国防科工局)	委(局)省共建
2013	四川省人民政府、教育部	省部共建

表1-2 "共建与区域产学研联合办学"体制特色获奖列表

奖项名称	授予部门	获奖等级	获奖年份
走产学研道路,培养工科大学生创新能力的研究与实践	四川省人民政府	一等奖	2000
产学研合作培养环境工程创新型人才的研究与实践	四川省人民政府	一等奖	2004
区域产学研联盟培养高级应用型人才的探索与实践	四川省人民政府	一等奖	2008
区域产学研联盟培养高级应用型人才的探索与实践	教育部	二等奖	2009
依托"大学工"平台,构建"五位一体"大学生素质教育新模式	四川省人民政府	三等奖	2014
产学研联合培养含能材料特色专业人才	四川省人民政府	二等奖	2014
特色地方高校军民融合协同育人的创新与实践	四川省人民政府	一等奖	2018

该校始终注重发挥"四维共建"在立德树人中的作用,将"三全育人"理念融入办学过程之中,扎实推进立德树人工作的开展。一是加强党的领导,把好"三全育人"工作的"关键点"。学校党委始终坚持把立德树人作为根本任务,牢牢掌握党对高校工作的领导权,坚持以习近平新时代中国特色社会主义思想铸魂育人,不断加强对立德树人工作的顶层设计和组织领导。二是注重全

员联动,抓好"三全育人"工作的"着力点"。第一,加强专任教师和兼职教师两支队伍联动,促进两支队伍在立德树人过程中互学互鉴、各展其才、优势互补。第二,加强学校、科研院所、企业三个主体联动,构建"三位一体"育人联动培养模式。第三,加强省部共建、委(局)省共建、对口支援共建、董事会共建联动,拓宽人才培养覆盖面,提升思想政治工作实效性,释放立德树人活力,纵深拓展"三全育人"理念。三是促进多方融合,聚焦"三全育人"工作的"突破点"。其一,促进思政课程和课程思政融合。"立足思政谈思政",让学生主动地"坐到前排来,把头抬起来,提出问题来";"跳出思政谈思政",打破思想政治理论课教师"单兵作战"的困境,实现思想政治理论课与专业课同向同行、同频共振。其二,促进第一课堂与第二课堂融合。打破第一课堂和第二课堂的壁垒,组织思想政治理论课专兼职教师开展"五个参与"(参与思想引领育人、参与社会实践育人、参与媒体文化育人、参与校园文化育人、参与志愿服务育人)系列活动。其三,促进以赛促建与学科引领两种手段融合。以各级各类教学竞赛为契机狠抓教学质量工程建设,努力构建"个人参与、团队配合,精心打磨,整体提高"的常态化机制;积极打造科研创新团队,建设学术梯队,提升教师队伍的科研创新能力和竞争实力,提高思想政治理论课教学的穿透力、感染力。四是完善机制保障,找准"三全育人"工作的"切入点"。其一,改革思想政治理论课教师职称晋升机制。结合教师个人职业发展方向探索分类管理的有效途径,单独设置"思想政治教育系列专业技术职务",引导和鼓励教师将更多时间和精力投入教学中。其二,构建师德师风长效机制。将师德考核贯穿教职工管理和职业发展全过程,在招聘引进、岗位聘任、绩效考核、职务晋升、职称评定、推优评优、表彰奖励等环节提出明确要求。其三,充分发挥马克思主义学院学科优势。将理论宣讲与特色党建相结合,与提升思想政治理论课教师综合素质相结合,面向广大师生和基层群众,进一步凝聚思想,汇聚力量,打造理论传播全链条体系。

经过一系列改革实践,学校在探索"三全育人"特色人才培养模式方面取得了系列显著成效。第一,课程建设稳步提升。先后与中国社科院马克思主义研究院、四川省社科联、四川省社科院等开展思想政治理论课教学,多门思想政治理论课程入选教育部"精彩一课"等课程;在首届全国高校思想政治理论课教学展示活动中获奖总数和获奖等级位列全国第一;思想政治理论教师和团队中涌现出"教育部高校思想政治理论课共建网站团队""全国优秀教师""全国思想政治理论课教学能手"等先进典型人物。第二,科研育人成效显著。强化实施科研攻关项目、研究生创新计划、大学生科研苗子工程的多元化产学研

高校推进"三全育人"改革实践研究
——基于显性教育与隐性教育融合统一

协同育人计划,获批环境友好能源材料国家重点实验室和教育部核废物与环境安全协同创新中心,两个学科群获批四川省一流学科建设,三个学科进入 ESI 前 1%。大力实施哲学社会科学繁荣计划,有效支撑思想政治教育的理论研究与实践探索。第三,实践育人特色鲜明。加强社会实践,打造品牌活动,2010 年起共派出十批次共计 98 名研究生支教团志愿者赴西藏、新疆、四川黑水等地开展支教;在所有董事单位共建了本科实践实训基地;作为西部地区唯一高校参与中国文联文艺支教项目;青年志愿者组织、社会实践团队、研究生支教团队等多次获得教育部、团中央和省级表彰。第四,文化育人精彩纷呈。"深入推进'四进四信',大力弘扬社会主义核心价值观"项目荣获全国优秀奖,近五年累计选拔 300 余名学生参加央视《五月的鲜花》等节目,多次受到学习强国、中央电视台等媒体关注报道。诺贝尔奖得主杨振宁、诺顿等科学家及一批著名艺术家来校讲学,引领学生健康成长。第五,网络育人协同推进。构筑起"一报"(《西南科技大学学报》)、"一台"(校园电视台)、"一网"(学校官网)、"两微"(学校微博、微信)的全媒体"大宣传"格局,获得国家、省级奖项 20 项。第六,心理育人体系完善。构建"四位一体"心理健康教育与干预机制,近六年共计接待咨询 3500 余人次,校园内未发生一起学生因心理问题而导致的意外死亡事件,获得"四川省高校心理健康教育先进单位""大学生心理健康教育先进集体"等表彰,成为四川省首批"高校心理健康教育示范中心"培育建设单位。第七,管理育人取得实效。健全依法治校,贯彻落实新时代党的组织路线,树牢正确选人用人导向。健全完善干部选任工作制度,拓宽选人用人视野,持续优化干部队伍结构。科学制定干部培训培养目标,强化政治纪律和政治规矩,健全完善干部监督管理长效机制,打造忠诚干净有担当的干部队伍,受到中央第十巡回督导组和省委第十五巡回指导组的高度评价。第八,服务育人意识到位。以"走进学生生活、走进学生学习、走进学生心灵"系列活动的开展为抓手,号召每位专兼职教师深入宿舍、课堂、食堂、操场、实验室、图书馆,增进师生互动,满足学生需求,完善图书馆文献信息资源体系和服务体系,不断推动服务育人工作向纵深发展。第九,资助育人走深走实。构建形成"全员参与、全程覆盖、全方位资助、全面受益"的"四全"助困网络,联合董事单位组建"四川西南科技大学教育发展基金会",自 2016 年来整合社会奖助资金累计达 1000 余万元,建立资助项目 40 余项,收益学生达 5600 余人,举办了以爱心屋、扬梦布拖等为代表的 500 多个励志活动。第十,组织育人凝聚合力。严格贯彻落实党委领导下的校长负责制,坚持民主集中制,不断健全集体领导、党政分工负责、协调运行的工作机制和议事决策机制。近三年来，共有九个基层党组织、十名党员先后获得省、市级"先进基层党组织""优秀共产党员"和"优秀党务工作者"荣誉称号；一个基层党支部获批为"全国党建工作样板支部"创建单位；生命科学与工程学院党委牵头组建的科技扶贫团队作为省内唯一的高校团队成功入选全国第三批50个学雷锋活动示范点。

第二章　认识基础：显性教育与隐性教育的共性与差异

显性教育是思想政治教育的主要方式，也是社会主义现代化建设和教育现代化的重要保障。随着时代的不断发展，教育也呈现出不同的形式，隐性教育的提出是适应教育发展的必要环节，也是填补显性教育缺陷的创新形式。因此，厘清显性教育与隐性教育的基本内涵与内在联系是高校思想政治教育发展与改革的重要基础。

第一节　显性教育与隐性教育概述

一、显性教育

显性教育的概念并不是从来就有的，在显性教育概念提出之前，就有了显性课程的概念。美国教育学家杰克逊于 20 世纪 60 年代提出了显性课程的概念，在他看来，显性课程是施教者有计划地组织与实施的正式课程或官方课程。此后，在显性课程的基础上提出了显性教育，并在实践教学中被广泛运用。

在我国，学术界对显性教育进行了多层次的、深入的研究，不同的专家学者对显性教育有着不同的认识和理解。李珍提出"显性教育主要是指思想教育的主体利用公开手段在公共场所进行有组织、有目的、有领导的活动，从而达到对教育对象进行思想政治教育的目的，进而提高大学生的基本素质和思想觉悟，行为标准符合基本规范的教育方法"[①]。刘凤娟、宋振超等认为"显性教

[①] 李珍：《显性教育和隐性教育在高校学生思想政治教育中的整合》，《河北企业》，2016 年第 9 期，第 155 页。

育是教育者依据培养目标并按照教育计划,在固定场所系统的、有领导的、有组织的对受教育者施加外在灌输式的各方面的教育,包括知识、能力、思想、情感等"①。方鑫认为"显性教育是根据特定目标,采用正面、直接的方式和手段,进行科学、系统的思想政治教育过程。它思想观点明确、内容固定、目的清楚、课程体系较为完善,是思想政治理论课的主渠道,能有效地提升高校思想政治教育功能,它是突显教育自身和教育成效的存在感的教育"②。综合以上学者对显性教育内涵的理解,可以看出所谓显性教育,就是高校在开展思想政治教育的过程中,依照既定的教学目标和培养计划,通过课堂教学、专题讲座、报告会、网络传媒等公开化的形式与手段,有组织、有计划、系统地对受教育者施加影响,从而完成有思想政治教育目的的社会实践活动。显性教育是当前高校开展思想政治教育的主要途径,曾一度发挥着重要的作用,取得了显著的成效。

二、隐性教育

思想政治理论课是大学生思想政治教育的主渠道,也是大学生显性教育的主要方式,但并非只有思想政治理论课教学具有思想政治教育功能,与显性教育相对应的隐性教育同样具有思想政治教育功能。其实,隐性思想政治教育不仅能促进大学生身心健康发展,同时也能为高校全面开展和深化思想政治教育提供有力的指导和深刻的启发。

中国共产党人历来高度重视隐性思想政治教育,除了通过宣传、教育等直接方式开展思想政治教育,同时还加强对隐性思想政治教育的重视与运用。毛泽东同志在教育方式上极其反对"八股文"式的宣传教育,指出"群众就不欢迎他们枯燥无味的宣传,我们也不需要这样蹩脚的不中用的宣传家"③。邓小平同志曾提出事实本身就是最好的教育素材,通过讲道理和摆事实的方式实现对人民群众无声的教育。胡锦涛同志非常重视思想政治教育的地位和作用,强调思想政治教育工作必须注意方式方法,要通过多种形式春风化雨地开展,提倡贴近实际、贴近群众、贴近生活的教育。习近平总书记曾多次论及隐

---

① 刘凤娟、宋振超:《隐性教育视角下高校学生思政教育工作的审视》,《黑龙江高教研究》,2019年第37卷第1期,第120页。

② 方鑫:《高校思想政治理论课显性与隐性教育整合探析》,《延安大学学报(社会科学版)》,2020年第42卷第6期,第124~125页。

③ 《毛泽东选集(第三卷)》,人民出版社,2009年,第838页。

高校推进"三全育人"改革实践研究
——基于显性教育与隐性教育融合统一

性思想政治教育,指出"要坚持把立德树人作为中心环节,把思想政治工作贯穿教育教学全过程,实现全程育人、全方位育人,努力开创我国高等教育事业发展新局面"①。"要更加注重以文化人以文育人,广泛开展文明校园创建,开展形式多样、健康向上、格调高雅的校园文化活动,广泛开展各类社会实践。"②"一种价值观要真正发挥作用,必须融入社会生活,让人们在实践中感知它、领悟它。要注意把我们所提倡的与人们日常生活紧密联系起来,在落细、落小、落实上下功夫。"③ 以上表述无不证明了隐性教育的重要性,在国家的大力倡导下,学术界也更加重视对隐性教育的深入研究。

其实,在古代就有人重视"潜移默化"式的教育,这种教育就是隐性教育。如战国时期孟母三迁的历史故事,就是从环境熏陶的角度充分肯定了隐性教育的价值。作为一个专门术语,"隐性教育"这个概念发端于20世纪60年代美国教育学家杰克逊在其专著《班级生活》一书中提出的"潜在课程",以及20世纪70年代美国学者奥渥勒提出的"隐蔽性课程"的研究。随后在隐性课程的基础上提出了隐性教育的概念。我国对隐性教育的探讨和研究起于20世纪80年代末90年代初。

近年来,学术界对隐性教育开展了多类型、多角度、多层次的研究,西南大学教授白显良将其定位于存在形态,认为"隐性思想政治教育作为思想政治教育的一种特殊存在,是指寓于实体性的思想政治教育之外的社会实践活动中开展的、不为受教育者焦点关注(甚或不为受教育者明确感知)的一种思想政治教育存在类型"④。郑永廷教授认为"所谓隐性思想政治教育,是指利用隐性思想政治教育资源,采用比较含蓄、隐蔽的形式,运用文化、制度、管理、隐性课程等潜移默化地进行教育,使受教育者在有意无意间受到触动、震动、感动,提高思想道德素质的教育方式"⑤。

王瑞荪从教育方式出发,指出"所谓隐性教育是指运用多种喜闻乐见的手段,寓教于建设成就、寓教于乐、寓教于文、寓教于游等,把思想政治教育贯穿于其中,使人们在潜移默化中接受教育"⑥。李新灵认为"隐性教育是相对

---

① 张烁:《习近平在全国高校思想政治工作会议上强调 把思想政治工作贯穿教育教学全过程 开创我国高等教育事业发展新局面》,《人民日报》,2016年12月9日第1版。
② 张烁:《习近平在全国高校思想政治工作会议上强调 把思想政治工作贯穿教育教学全过程 开创我国高等教育事业发展新局面》,《人民日报》,2016年12月9日第1版。
③ 习近平:《习近平谈治国理政(第一卷)》,外文出版社,2018年,第165页。
④ 白显良:《隐性思想政治教育过程探析》,《思想理论教育》,2007年第11期,第57页。
⑤ 郑永廷:《思想政治教育方法论》,高等教育出版社,2010年,第169页。
⑥ 王瑞荪:《比较思想政治教育学》,高等教育出版社,2001年,第288页。

于显性教育而言,是指教育者把教育的内容隐藏、渗透到学生日常生活、学习的各个方面"①,通过激发学生的思想体验和情感共鸣,促使受教育者自发自觉地达到教育目的的一种教育方式。李长真、吴亚鹏指出,"隐性教育是指运用隐性资源、环境和方式,通过非正式性的教育活动和课堂讲授之外的形式教育学生,注重自我体会、自我领悟的潜移默化的效果,是消除教育存在感从而掩饰教育自身存在的教育"②。

李育侠从隐性教育内容出发,认为"大学生隐性思想政治教育是教育者有意或无意在思想政治方面对大学生施加却未被受教育者所意识到的教育影响的过程,包括显性思想政治教育中所隐含的隐性思想政治教育、制度形态的思想政治教育、精神与文化形态的思想政治教育和校园物质环境中所蕴涵的思想政治教育"③。

闫真珍从隐性教育的作用出发,"将隐性教育定义为:教育主体按照预先设定的教育内容、教育目标,有意识地在受教育者周围设置一定的文化氛围,或者实施一系列隐蔽的、间接的教育活动,引导受教育者在无意识中潜移默化地受到教育"④。王旭梁提出,"学术界认为隐性思政教育是指在思想政治教育过程中,教育者用比较隐蔽的形式,按照提前计划好的教育内容和方案,通过无意识的、间接的教育活动和比较灵活的教育方式进行施教。它是一种潜移默化、润物无声的教育方式,能够对显性思想政治教育进行有益的补充"⑤。

学者关于隐性教育的论述,为我们认识和理解隐性教育奠定了基础。隐性教育,是相对于显性教育而言的,与显性教育相互补充、相辅相成,共同构成了高校思想政治教育方法论体系。所谓隐性教育是指在思想政治工作开展的过程中,教育者充分利用各种隐性思想政治教育资源和载体,把教育目的和教育内容通过隐蔽的形式渗透到学生的日常生活与学习中,使他们在无意识中就能受到教育的社会实践活动。同传统的思想政治教育一样,隐性思想政治教育也由四个要素构成:教育主体、教育客体、教育载体、教育内容。但与传统的思

---

① 李新灵:《显性教育和隐性教育在高校思想政治教育中的结合》,《科教导刊》,2021年第7期,第85页。

② 李长真、吴亚鹏:《高校思政课中显性教育与隐性教育的辩证思考》,《扬州大学学报(高教研究版)》,2021年第25卷第1期,第107页。

③ 李育侠:《新时代大学生隐性思想政治教育探析》,《福建茶叶》,2020年第42卷第3期,第212页。

④ 闫真珍:《隐性教育视角下的大学生思想政治教育研究》,河南农业大学,2014年,第6页。

⑤ 王旭梁:《高校思想政治教育方式的显性与隐性分析》,《教书育人(高教论坛)》,2020年第2期,第52页。

想政治教育"四要素说"(教育主体、教育客体、教育介体、教育环体)不同，隐性思想政治教育特别强调突出"教育载体"这一要素，强调教育内容必须通过特定教育载体传递给受教育者。高校思想政治工作中的隐性教育内容比较宽泛，课堂之外对学生的认知和行为产生影响的无形教育都可列入其中，涉及校园文化、学习氛围、生活环境、管理制度等，也包括教育教学过程中的互动交流环节。

第二节 显性教育与隐性教育的共性

一、显性教育与隐性教育的本质一致

关于教育本质的问题，历来争论迭起，但这些争论都离不开教育是有意识地培养人的社会实践活动这一概念。思想政治教育作为教育的一个分支，其本质的研究对社会发展、人类进步有着重要的意义。在学术界，众多学者思考和研究思想政治教育本质，并取得了诸多研究成果。关于思想政治教育本质的论述，大体有以下三种意见：一是思想政治教育本质一元论，即思想政治教育的本质是意识形态性。二是思想政治教育本质二元论，即思想政治教育本质是科学性与价值性、功能性与目的性的统一。三是思想政治教育本质多元论，持这一观点的学者认为，思想政治教育的本质是阶级性、互补性、目的性、实践性和超越性等。

就思想政治教育的本质而言，李合亮、李鹏认为"政治维护与思想建构都是思想政治教育的本性，虽然有时可能会因条件、任务的变化二者表现出不同的强势，但相对而言，政治维护具有工具性，思想建构具有目的性，两者的有机统一共同形成了思想政治教育的整体与本质"[①]。李辉指出"思想政治教育是进行一定社会主导性价值观教育的实践活动。同时，思想政治教育也是培育人的精神世界的育人活动。坚持前者，就坚持了思想政治教育的党性原则；坚持后者，就坚持了思想政治教育的教育品质。任何割裂二者关系的做法，都只能片面地理解其本质"[②]。李连花提出："思想政治教育，本质而言是以促进受

---

① 李合亮、李鹏：《对思想政治教育本质的再认识》，《学校党建与思想教育》，2013年第1期，第20页。
② 李辉：《思想政治教育本质认识分歧探源》，《思想教育研究》，2011年第7期，第16页。

教育者政治社会化为主要目的的社会实践活动。政治社会化指受教育者的政治素质逐步满足社会、阶级要求的过程。"①

关于显性教育与隐性教育本质的研究，白显良指出"隐性思想政治教育在本质上仍然是'灌输'，所不同的在于隐性思想政治教育所要求的是艺术的灌输、无痕的灌输，这是隐性思想政治教育的精髓和灵魂所在"②。刘玉霞指出"显性教育与隐性教育的核心内涵都是立德树人。教育的显性和隐性是从实施教育的直观形式和呈现特点而言的"③，因此，就本质而言，两者是一致的。李珍提出，"隐性教育在目的与本质上与显性教育是一致的，都是致力于把学生塑造成有素质、有理想、遵守社会行为规范的新时代好青年"④。

从以上学者的论述中不难看出，思想政治教育的本质不仅体现为政治性，也体现为思想性。显性教育与隐性教育作为思想政治教育的两种不同的方式，其本质是一致的，即一方面对受教育者进行主流意识形态的教育和灌输，坚持马克思主义在意识形态领域的指导地位；另一方面对受教育者进行思想建构，使受教育者形成正确的人生观、价值观、道德观，致力于把受教育者塑造成德智体美劳全面发展的社会主义合格建设者和可靠接班人。通过理论的灌输与思想的建构，全党全社会以科学的理论为指引，把握中国和世界发展大势，凝心聚力推进社会主义现代化强国建设。

二、显性教育与隐性教育的目标一致

随着近年来党和国家对思想政治教育重视程度的加强，学术界对思想政治教育目标的研究也在日益深化。《思想政治教育学原理》一书指出，"在我国，思想政治教育的目标着眼于促进人的全面发展，以人的全面发展理论、党和国家教育方针作为基本的依据"⑤。

虽然不同学者对显性教育和隐性教育内涵的理解存在差异，但却一致认为

---

① 李连花：《浅析思想政治教育的本质》，《经济研究导刊》，2013年第6期，第287页。
② 白显良：《推进隐性思想政治教育实践建设的几个问题》，《学校党建与思想教育》，2013年第24期，第35页。
③ 刘玉霞：《显性教育和隐性教育相统一提高育人效果》，《黑龙江高教研究》，2020年第7期，第140页。
④ 李珍：《显性教育和隐性教育在高校学生思想政治教育中的整合》，《河北企业》，2016年第9期，第156页。
⑤ 《思想政治教育学原理》编写组编：《思想政治教育学原理》，高等教育出版社，2018年，第154页。

开展显性教育和隐性教育最终的目的都是实现思想政治教育目标。显性教育和隐性教育作为思想政治教育两种不同的有效形式，其目标任务在整体上与思想政治教育的目标任务是一致的，即为实现大学生的全面发展，培养德智体美劳全面发展的社会主义建设者和接班人，为实现社会主义现代化、实现中华民族伟大复兴而奋斗。

关于显性教育与隐性教育目标的研究，刘凤娟、宋振超提出"社会结构的加快转型给高校大学生思政教育工作的开展带来巨大挑战，加强对隐性思想教育的重视，带着'显隐合一'的思想教育理念共同为大学生思政教育工作开发出一片'沃土'，继而培养出一批批思想健康向上、理想信念坚定、维护社会团结稳定、促进社会和谐发展的接班人"①。卿云认为，"把显性教育与隐性教育统一起来，使之相辅相成，让受教育者既受到严谨的知识训练，又受到潜移默化的熏陶和浸润，既提升了理性思维能力，又得到充分的感性体验，二者相互作用，最大程度实现教育目标，达到思想政治教育的最佳育人效果，是思想政治教育发展的必然要求"②。徐致强指出，"显性教育与隐性教育是围绕相同的教育目的而采取的不同方法，两者不可偏废，这是对青年人价值观养成规律的把握"③。黄建军、赵倩倩认为，"作为高校思想政治教育的两种不同教育方式，显性教育和隐性教育都是为了贯彻落实立德树人的根本任务而存在，因此，它们二者事实上具有目标上的同构性"④。杨帆、耿瑞明确地指出，"思政课程与课程思政的协同，就是要在目标一致、任务相同、价值契合的基础上，相互配合、相互支撑，具体回答'培养什么人'和'怎样培养人'问题，实现立德与树人、育人与育才的有机结合"⑤。

通过以上学者对显性教育与隐性教育目标的论述，结合思想政治教育实际可以看出，显性教育与隐性教育是相互补充、相互促进的，二者之所以能够相互补充，是因为它们有共同的教育目标，二者如同车之双轮、鸟之双翼，在思

---

① 刘凤娟、宋振超：《隐性教育视角下高校学生思政教育工作的审视》，《黑龙江高教研究》，2019 年第 1 期，第 124 页。

② 卿云：《高校思想政治教育的显性与隐性协同育人机制探析》，《贵州广播电视大学学报》，2019 年第 27 卷第 4 期，第 43 页。

③ 徐致强：《高校思政课应坚持显性教育与隐性教育相统一》，《林区教学》，2020 年第 3 期，第 5 页。

④ 黄建军、赵倩倩：《高校思想政治教育显性教育和隐性教育相统一的内在逻辑与路径优化》，《思想教育研究》，2020 年第 11 期，第 120 页。

⑤ 杨帆、耿瑞：《创新高校思政课程和课程思政协同育人机制探究》，《中学政治教学参考》，2021 年第 20 期，第 47 页。

想政治教育的过程中缺一不可。显性教育具有理论性、系统性的特点,让受教育者通过系统的理论知识学习,了解各种理论和路线方针政策,而隐性教育可以使受教育者自觉地、自愿地把教育内容渗透到自己的学习及生活中去,将理论知识内化于心、外化于行,二者的有机结合有助于更好地实现思想政治教育目标。

三、显性教育与隐性教育的效果一致

显性教育作为思想政治教育的主要渠道,在让受教育者接受理论教育的同时真真切切地感受到教育者的人格魅力。在教育过程中,教育者通过较为直接的形式和手段向学生灌输和传授自身知识,让受教育者在短时间内更好地认识和理解学习内容,继而应用所学知识,促进自身的全面发展。

相对显性教育,隐性教育旨在通过比较隐蔽的方式对受教育者形成潜移默化的影响,这种方式克服了受教育者的思想障碍,使教育对象在有意无意间受到触动、震动和感动,在无意识中、不知不觉中接受了教育,最终取得一定效果。相对显性教育立竿见影的效果,引导、熏陶、渗透等教育方法的抽象性和间接性使隐性教育带来的教育效果往往滞后于显性教育,即在教育活动完成一段时间后,才能从细微之处体现出其教育成果。虽然显性教育与隐性教育的效果呈现时间与持续时间长短不同,但与显性教育相比,隐性教育的效果需要在教育者接受教育后很长时间才能呈现出来,教育效果也更为持久,但二者的最终结果却是相同的,即让教育对象接受教育,形成符合社会发展需要的思想观念、道德理念、行为准则。如前所述,显性教育与隐性教育的本质与目标是一致的,出发点与落脚点也是相同的。针对显性教育和隐性教育的效果,有学者指出在思想政治教育整个过程中,隐性教育通过"润物无声"的方式,在一定程度上能够强化显性教育传递的内容,从而增强思想政治教育的效果。

案例二《寝室文化建设:助力大学生健康发展的实践》充分体现了隐性教育在大学生思想政治教育中的重要性。虽然隐性教育具体的策略和做法与显性教育不同,但殊途同归,二者本质一致、目标一致,二者的结合有助于推进高校思想政治教育工作。

【案例二】

寝室文化建设：助力大学生健康发展的实践[①]

众所周知，寝室不仅仅是让大学生休息的地方，还是他们交流思想、探讨学习、休闲娱乐的重要场所。积极健康的寝室文化对学校的优良校风、学风和教风的形成具有积极的促进作用；对学生而言，有利于塑造人格魅力，加强思想引导，提高学生的综合素养。因此，辅导员应把握学生成长成才的规律，因材施教，加强大学生的理想和信念教育，积极促进寝室文化与思想政治教育的有效结合。

一、案例背景

2016年8月，刚进入大学的小任（四川南充人）、小曾（四川自贡人）、小林（四川广元人）、小超（四川自贡人）既是同一个专业的同学，平时大部分时间在一起活动的室友，更是并肩学习的好朋友。

二、案例内容

（一）相识

大一刚进校，初次见面，让大家记忆尤为深刻的是小曾，因为他是第一个带电脑到寝室的人，软件专业的学习和电脑息息相关，但是经过高中寝室的严格管理，其他人都不约而同地选择了不带电脑。一起吃过晚饭，大家还比较害羞，后来回到寝室，围着小曾看他玩电脑游戏，关系才开始熟悉起来，聊天的内容也逐渐丰富起来。其中大家关于为什么要选择软件工程专业的理由各不相同。这也就是大家各有特色的大学生活的原因，有共性但也有个性。

（二）相知

率先带来电脑的小曾是真正热衷于电脑技术，各种电脑软件、算法、编程语言，甚至鼠标、显卡、显示器都是他的研究对象，大学四年里大家在专业学习上无论遇到了什么问题，都喜欢请教小曾，他都会热情帮忙。另一位同学小超，也同样喜欢电脑技术，他偏重于算法，大一就跟小曾一起加入了学校的ACM团队，积极参加校内外各项比赛，大四毕业时一摞奖状。不仅同寝室的小任、小林会向小曾和小超请教问题，其他的同班同学，甚至是本专业其他班的同学，都会到他们寝室交流问题。因为小任寝室的床位刚好就在门口，所以他经常负责寝室的开门、关门，有时候小曾和小超不在，他还会热心地给其他班同学解释情况，为此他经常调侃自己是寝室保安。寝室还有一位同学小林，

---

① 本案例由广元职业技术学院董洋提供。

他喜欢专业学术研究，从大一就定下了考研的目标，并一直坚定着心中所想，努力学习。

游泳课是学校的体育必修课，小任的三个室友都乐在其中，每周一节的游泳课并不能满足他们玩水的热情，于是每天下午学校游泳池开放的时候，他们都非常热情地拉上小任一起去游泳。他们游来游去非常快乐，而据小任回忆，他就是去喝水的，游完了也差不多喝饱了。在三个室友的热情相邀和帮助下，小任虽然最终没能学会游泳，但他也乐在其中！大家因此很快打成一片，相处得非常愉快和融洽。

（三）相惜

光阴似箭，岁月如梭。转眼间大学生活就已进入了倒计时，小任、小曾、小林、小超四人为自己设定的人生规划而努力准备着。大三下学期，小曾和小超外出实习，寝室只剩下小任和小林。小任的兴趣爱好和其他三位室友大不相同，他更喜欢文史、政治等方面的知识，所以他决定准备国家公务员考试，但同小林考研一样，这需要长时间的学习和准备。由于学校的学风浓厚，所以自习室的位置是相当抢手的。自习室每天早上七点开门，早上六点半自习室外就排起了长队，虽然小任和小林学习的内容不一样，但他们约定，每天早起一起去自习室学习，相互督促。英语、政治这些课程有很多内容是需要背诵的，可自习室内非常安静，因此，背书的地点他们选在了中心湖边，冬天一早在外背书，或多或少都还是会感觉有点冷，但两个人相互鼓励和陪伴，还是咬紧牙关坚持着。

2020年，突如其来的新型冠状病毒肺炎疫情改变了他们原有的毕业计划，各项工作都向后推迟，小林的研究生复试推迟到了毕业答辩期间，小任的公务员面试更是迟迟不见通知。毕业答辩也改为线上答辩，答辩当天，大家都有些紧张，四个人端坐着等待通知。小任认为他可能是最紧张的甚至还有些忐忑，虽然在小曾的帮助下，他的毕业设计添彩了不少，但是毕竟他平时的学习重心都放在了公务员考试上面，对本专业的毕业设计帮助并不大。关键时刻多亏室友们给他加油，并且还针对他的毕业设计可能会被问到的关键问题进行了系统的梳理。小任感慨室友的热情帮助，一如当年拉他去游泳一般，不过这一次，他成功了！

2020年6月，小任顺利考上了公务员，小林顺利考上了研究生，小曾和小超也顺利被实习单位录用，可谓人人心想事成，皆大欢喜。虽然毕业后，大家会因选择的不同而各奔东西，但大学四年的同学情、室友情、挚友情将令他们难以忘怀和倍感珍惜！

三、案例分析

从上述寝室各个成员良好的发展以及他们之间深厚的情谊，我们可以看出良好的寝室氛围对一个学生成长成才的重要性。这个良好的寝室氛围从大的方面讲，实际上就是寝室文化。寝室文化建设好，不仅有助于形成良好的人际交往氛围，还会对寝室成员的思想、意志、认知、精神面貌、行为方式产生积极的影响。

（一）促进和谐的人际关系

寝室中个体差异比较大，家庭背景、生活习惯、个性爱好等都不尽相同，需要不断地接触磨合。倡导好的寝室文化能引导有着差异的个体认识到共同建设良好宿舍关系的重要性，认识到人总是要生活在一定的集体中，是不能脱离集体而单独存在的，也总是要与其他人发生联系，进行交流和互动。寝室文化与人际关系就好比内容与形式的辩证关系，寝室文化氛围的好坏直接影响同学间的人际关系。如果寝室的人际关系是和谐融洽的，那么学生会感到温暖、愉悦、有安全感，从而大家会积极向上、热爱生活。相反，如果寝室中同学的关系是冷漠、排斥的，彼此间充满嫉妒、敌意、讥讽，那么寝室中的个体会有压抑感和焦虑感，会充满烦恼和不安，严重的还会造成个体的心理障碍和疾病，甚至走向犯罪道路。

和谐的寝室有着"家"一样的氛围，室友间相处就像亲人一样自然亲切，在互帮互助的过程中，依赖感和亲密感也随之增强。同时，温馨的寝室氛围还会让大家有自我表露的欲望，室友可以通过交流敞开心扉，增进彼此的了解，从而推动建立和谐的人际关系。

（二）引导积极的学习行为

开展寝室文化建设，把学生的积极性调动起来。提倡品行好、环境好、人际好、学习好的寝室文化氛围会调动寝室成员的上进心、好胜心，让同学发挥"你追我赶"的务实求学的积极性，深刻认识到"青年人正处于学习的黄金时期，应该把学习作为首要任务，作为一种责任、一种精神追求、一种生活方式"[①]。同时，人是受环境影响的，寝室成员求学上进的精神面貌会产生很强的互感性，在某种程度上，寝室的整体氛围会对同寝室学生的学习行为产生很大的影响。与高中统一安排学习的方式相比，大学时期大学生有足够的自由，也更注重学生的自主学习能力。但是，由于脱离了老师的管束，很多同学在学习上放松了对自己的要求，此时，良好的寝室氛围就显得格外重要。在一个拖

[①] 习近平：《习近平谈治国理政（第一卷）》，外文出版社，2018年，第51页。

延浮躁、弄虚作假的或者充满负能量的寝室内,多数同学会持"60分万岁"的态度,也没有学习压力,将大部分时间和精力浪费在与学习无关的事情上,从而导致大学四年浑浑噩噩、一事无成。与此相反,在一个具有良好氛围的寝室里,会促使寝室学生养成上进的学习态度,从而规范和激励自身的学习行为。在这样的寝室中,如果一个同学在认真学习,就会在无形之中给其他的人造成压力,使他们内心产生一种"愧疚感",进而主动投入学习中。而且,寝室内同学愿意讨论学习,向室友推荐自己喜欢的书,交流各自的学习心得,改进学习方法,与室友共同解决学习上遇到的问题,共同进步。如,案例中的小任顺利考上公务员,小林顺利考上研究生,小曾和小超也顺利被心仪的公司录用,他们一致认为他们的成功离不开团结包容的寝室氛围,离不开彼此间的互帮互助。

(三)培育健全、健康的人格

大学时期是一个人人格养成和"三观"形成的关键时期,而寝室成员朝夕相处,彼此间谈天论地、沟通信息、交换思想、结伴做事,在有意无意中相互影响,形成一个特定的文化氛围。寝室的文化氛围作为教育的组成部分,对学生健康人格的培育起促进或消弭作用。一个精神风气不好、舆论不健康的寝室,要么氛围压抑,彼此间不包容、不理解、不支持,甚至还存在偏见、对立,那么彼此就无法彼此支持;要么氛围不健康,没有追求思想进步、学业提升,这样室友之间彼此影响,共同卷入打游戏、追剧或者其他无助于个人发展和成长的事情中消磨斗志与奋发之心。同时,大学生尤其是大学新生由于处于心理上的"断奶期",抗挫折能力相对较弱,同时又要面临来自学习、交往、就业等方面的压力,如果他们长期处于精神低迷的寝室中,可能会出现心理问题。与此相反,良好的寝室氛围对大学生来说就像一个充满爱和包容的能量场,能够给身居其中的大学生提供足够的心理营养及塑造人格的正能量,让他们时刻被温暖和幸福所包围。

由大学生创造的积极健康的寝室文化,通过营造温馨的、和谐的精神氛围,室友间能够合理地宣泄不良情绪,消除不平衡的心理状态,缓和彼此的矛盾和冲突,抑制甚至克服不良情绪,从而给予大学生一定的安全感。在此基础上,寝室同学间的内心情感得到丰富、精神世界得到充实、思想境界得到升华。在这种寝室文化的熏陶和感染中,寝室学生的各种心理功能和机制最大限度地得到了发挥和协调发展,促使寝室学生心理健康发展,继而成为一个人格健全、充满正能量的人。

四、案例反思与启示

（一）完善寝室管理制度，隐性教育的制度支持

完善寝室管理制度，引导学生规范个人行为，共同营建舒适的居住环境。比如制定查寝制度、奖惩制度、先进寝室评比制度，通过评比各寝室的挂科率、获奖率、到课率、"文明达标寝室"获得率、英语四六级通过率等，激发学生的寝室荣誉感，规范学生的行为，促使学生养成良好的学习生活习惯。

（二）建立寝室内帮扶体系，隐性教育的发展支持

寝室是大学生交流最多的场所，也是相互影响的地方。建立寝室内部帮扶体系，帮助在学习、生活、交流中存在困难的学生，帮助学生树立正确的学业观，提高寝室四六级通过率，降低寝室的挂科率、旷课率，以点带面，提高学校学风建设。

（三）加强理想信念教育，隐性教育的价值指向

理想指引人生方向，信念决定事业成败。没有理想信念，就会导致精神上"缺钙"。加强理想和信念教育，有助于大学生树立人生目标，重获前进的动力。通过开展学生座谈会能发现，大部分学生对行业发展、所学知识对个人发展的意义等方面充满疑惑，需要专业教师及业内人士不断进行指导。加强思想政治教育的同时，也应加强专业认知的教育与指导。既要帮助学生坚定中国特色社会主义道路自信、理论自信、制度自信、文化自信，也要帮助学生树立专业自信。

（四）坚持传统文化育人，隐性教育的内容选择

中国传统文化博大精深，对大学生的成长具有重要的指引作用。中华民族有着深厚的文化传统，形成了富有特色的思想体系，体现了中国人几千年来积累的知识智慧和理性思辨，这是我国的独特优势。中华传统文化注重道德礼仪，大多引导人们修身律己、尊师重道、诚信友爱，比如儒家思想包括的仁、义、礼、智、信、恕、忠、孝、悌等思想，古代感人的励志故事等。在平时的思想政治教育中，要以优良的传统文化激励学生尊重师长、积极向上，引导他们以饱满的精神面貌对待个人的大学生涯，也要时常组织学生开展发扬传统文化的多维感观主题班会或讲座，观看励志影片，潜移默化地感染学生，帮助学生健康成长。

总之，积极健康的寝室文化对校园文化、学生的全面发展有重要的意义。作为高校学生工作者，要坚持以学生发展为中心，善于反思，勤于思考，努力通过制度、帮扶、思想、文化等规范和感染学生，在学生的发展中发挥积极的作用。

通过以上案例可以看出，寝室文化作为重要的隐性教育载体，可以对学生产生较大影响，与显性教育促进人的全面发展为目标一样，可以加强寝室文化的建设，营造良好的寝室氛围，促进大学生德智体美劳的全面发展。因此，当前高校应重视寝室文化的建设，为学生营造积极健康的寝室氛围，让寝室文化作为显性教育的补充，共同实现高校思想政治教育目标。

第三节 显性教育与隐性教育的差异

一、显性教育与隐性教育的原则不一样

自思想政治教育存在以来，各学者从不同角度出发，对思想政治教育原则进行了深入研究，期望通过遵循有效原则，取得更好的效果。不同学者对思想政治教育原则有着不同的认识与理解。《思想政治教育学原理》编写组在《思想政治教育学原理》一书中提出，思想政治教育原则主要包括以人为本、科学性与思想性结合、理论联系实际、一元主导与包容多样结合、知行统一、教育与自我教育结合六个原则。[①] 李忠军、刘建璋指出，"坚持新时代思想教育的现实性、群众性、彻底性的实践原则，坚持思想政治教育要因事而化、因时而进、因势而新"[②]，使新时代的思想政治教育更具时代性、更有针对性、富于时效性、实现彻底性。万珺从心理学角度出发，指出"思政教育中最重要的四个心理原则为：心理互换原则、心理引导原则、心理相容原则、心理共振原则。这四个原则贯穿于思政教育过程中，相互渗透，相互推动，对提升教学实效性有重要意义"[③]。何智松、杨兰芳针对当前高校思想政治教育现状，提出在思想政治教育过程中要强化渗透原则，将思想政治教育渗透到各项具体工作中，不再仅仅依靠思想政治理论课开展思想政治教育，才能更好地形成教育合

---

① 《思想政治教育学原理》编写组：《思想政治教育学原理》，高等教育出版社，2016年，第234~244页。

② 李忠军、刘建璋：《无产阶级思想政治教育的立场、任务与实践原则——基于马克思恩格斯相关论述的考察》，《教学与研究》，2020年第1期，第30页。

③ 万珺：《新时代高校思想政治教育中的"心"抓手——心理原则在高校思政教育中的渗透》，《成都中医药大学学报（教育科学版）》，2019年第21卷第4期，第66页。

力、整合教育资源、促使学生进行自我教育。① 张世飞、王冰冰认为"习近平总书记关于思想政治教育的重要论述体现了开展思想政治教育的原则,主要有七个方面:坚持政治方向与人民主体相结合,坚持理论发展与实践推动相结合,坚持整体规划与分类指导相结合,坚持主体引导与客体吸收相结合,坚持知识灌输与价值启发相结合,坚持正面宣传与批评丑恶相结合,坚持显性教育与隐性教育相结合。上述原则体现了知、情、意、行的有机统一,相辅相成,共同推进思想政治教育的发展"②。

以上关于思想政治教育原则的研究更多的是将思想政治教育看作一个整体在开展过程中必须遵循的基本原则,显性教育与隐性教育虽然同为思想政治教育方法,但是由于具体开展方式的不同,二者遵循的原则还存在一定的差异。

关于显性教育原则的研究,王敬红、刘佳指出"灌输原则是影响大学生思想政治教育工作的重要原则之一"③。然而传统的显性教育在开展过程中往往注重灌输,而忽视学生的心理感受,造成学生心理上对思想政治教育有排斥,致使高校的思想政治工作缺少吸引力和感染力,从而影响教育效果。

相对显性教育原则的研究,学界关于隐性教育原则的研究则更为深入,研究成果也相对颇丰。有的学者指出隐性教育在教育目标上要坚持方向性原则、在教育价值取向上要立足于以受教育者为本、在教育过程中要有效贯彻渗透性原则、在教育手段上要采取系统性原则。只有遵循这些内在的原则,才能使教育者更好地理解和运用隐性教育方式,提升教育效果。

显性教育与隐性教育作为思想政治教育的有效方法,除了要遵循思想政治教育的基本原则,在实践过程中还要遵循各自不同的原则。通过学界对显性教育与隐性教育原则的研究可以看出显性教育往往注重灌输原则,而忽视受教育者的主体性,隐性教育更注重方向性、整体性、层次性、灵活性等原则。相对显性教育,隐性教育更加能够因材施教,也更尊重受教育者的主体地位,从而更有针对性地进行教育,教育者与受教育者相对平等的教育使得隐性教育能够取得更好的效果。

---

① 何智松、杨兰芳:《探析渗透原则在高校思想政治教育中的运用》,《智库时代》,2020年第14期,第197页。

② 张世飞、王冰冰:《习近平关于思想政治教育的重要论述研究》,《新疆师范大学学报(哲学社会科学版)》,2021年第42卷第4期,第49页。

③ 王敬红、刘佳:《灌输原则对大学生思想政治教育工作的意义和启示》,《法制博览》,2020年第12期,第74页。

二、显性教育与隐性教育的方法不一样

显性教育和隐性教育作为方法论,共同构成了高校思想政治教育方法论体系。但是,显性教育和隐性教育在具体实施过程中却有着明显的差异。显性教育通过公开性的方式,主要以课程、讲座、报告会、学术活动等为载体来开展,以达到思想政治教育的目的。除了疏导教育方法、比较教育方法、典型教育方法、感染教育方法、激励教育方法等具体方法,显性教育还包括一些特殊方法,例如心理疏导方法、思想转化方法、冲突调节法、预防教育方法等。隐性教育则相反,主要是通过比较含蓄隐蔽、喜闻乐见的方式,运用文化、制度、管理、隐性课程、网络、活动等载体开展。郑永廷提出"隐性思想政治教育方法主要包括渗透式教育方法、陶冶式教育方法和实践体验教育方法等"[①]。

学界对显性教育与隐性教育方法的比较研究,不同学者有着不同的见解。罗媛媛指出显性教育是直接、系统、明确的思想政治教育,可以通过大规模的政治学习、学校相关课程的设置、媒体的正面教育和报道等形式开展,是一种灌输式的方法。而隐性教育则包括环境渗透、榜样感染、文化渲染、艺术熏陶等方式。[②] 李春会提出显性教育方法主要包括主导性的理论灌输、公开性的政治传播、规范性的理论教育,隐性教育方法主要包括转换工作方式建立和谐校园氛围、注重情感陶冶强化社会熏陶、利用文化载体实现文化育人,从而将教育内容以润物无声的方式渗透到环境、文化、娱乐、服务、制度、管理等日常生活学习中,实现与显性教育的相互配合和相互补充。[③] 潘姗姗、张美容认为显性教育的教育方式具有时效性和明确性,往往具有非常明显的针对性,其教育方式也相对直接。隐性教育则注重通过师德师风建设、和谐校园文化建设、各种实践锻炼及榜样的先锋模范作用等形式潜移默化地影响学生。[④] 许金柜指出"传统的显性教育,其教育方法过于直接、直白,容易使受教育者在接受教育过程中产生抵触、逆反心理,这是显性教育存在的不足之处。相反,隐性教育采取的是间接的、含蓄的、'润物细无声'的教育方法,使受教育者在隐性

---

① 郑永廷主编:《思想政治教育方法论》,高等教育出版社,2010年,第170页。
② 罗媛媛:《网络时代的高校隐性思想政治教育》,《江汉论坛》,2012年第12期,第31页。
③ 李春会:《思想政治教育的显性方法与隐性方法》,《现代教育科学》,2013年第7期,第64~67页。
④ 潘姗姗,张美容:《大学生社会主义核心价值观的显性与隐性教育路径探究》,《山东科技大学学报(社会科学版)》,2016年第18卷第1期,第102~104页。

教育过程中不知不觉地就接受了教育者的教育意图,因此,它以其独有的特性弥补了显性思想政治教育的不足"①。石梅梅、王梦雪认为"显性教育采用面授形式的灌输教育,教育内容和教育目的都非常明确,时效性也强,教师要在短时期内大学生灌输思政课课程教学的内容,以达到课程教学的终极目的。在进行隐性教育的过程中通过环境熏陶、实践活动、行为示范等隐蔽的、渗透的教育方式,将传授的内容和目的隐藏在不同载体中让大学生潜移默化地受到熏陶和感染"②。

除了以上学者对显性教育与隐性教育方法进行的比较研究,还有学者对显性教育与隐性教育方法进行了单独研究。关于显性教育的方法,曹金龙认为除了传统的以课堂教学为主渠道的老师讲学生听的显性教育方式,还可以进行"大班授课,小班讨论"和学生展示汇报等多种尝试,在课堂教学中加入小组汇报、情景剧、微视频等活动以增加学生参与度,同时利用好新媒体加强和改进显性教育方法,使显性教育在求变求新中求发展,取得更好的效果。③

关于隐性教育方法的研究,田萍、胡立法在其研究中指出,为了提升思想政治教育的效果,在坚持"第一课堂"理论教学为主的同时,还可以通过隐性教育加以辅助。例如在革命纪念日和传统节日开展教育,组织包括社会调查、生产劳动、公益活动、专业实践、志愿服务等社会实践活动,在校园内开展校园综合运动会及单项体育比赛、各种文化及艺术活动等文体活动,这些都是当前及今后开展思想政治教育的重要形式。④ 侯清提出隐性教育方法包括疏导教育、感染教育及心理疏导法,其中疏导教育包括分导、利导和引导,感染教育包括形象感染、艺术感染和群体感染,心理疏导包括渗透式疏导、激励式疏导和体验式疏导。⑤ 赵建超提出传统隐性教育具体表现为环境陶冶法、渗透教学法、身体示范法、暗示教育法等,随着社会的发展进步,传统的隐性教育方法已不能很好地满足教育的需求,因此,必须创新隐性教育方法,通过现代技术

---

① 许金柜:《论高校思想政治教育的隐性教育——兼谈大学生社会实践》,《长春大学学报》,2015 年第 25 卷第 6 期,第 80 页。

② 石梅梅、王梦雪:《试论高校思想政治理论课中显性教育与隐性教育的关系》,《大众文艺》,2019 年第 15 期,第 240 页。

③ 曹金龙:《关于新时代思想政治教育显性教育和隐性教育相统一的思考》,《思想理论教育》,2019 年第 12 期,第 61~62 页。

④ 田萍、胡立法:《思想政治理论课教学隐性教育方法的实施路径》,《学校党建与思想教育》,2015 年第 9 期,第 42~43 页。

⑤ 侯清:《高校思想政治教育隐性教育方法及其运用探析》,《佳木斯职业学院学报》,2020 年第 36 卷第 7 期,第 11~12 页。

的应用（如互联网）、情景交融、典型示范等方式提升教育效果。① 朱志刚认为隐性教育基本方法有以下三种：一是暗示法，即在无对抗的条件下用间接的方法对教育对象进行教育；二是模仿法，通过树立典型，重视榜样的示范作用开展教育；三是感染法，教育者以语言、动作等方式来激发受教育者相同情绪进而产生反应行为。②

通过以上各学者对显性教育与隐性教育方法的概述，可以看出在实际开展过程中，显性教育更多的是采用直接的、正面的方法，以课堂教学、专题教育、主题讨论、报告会等为主要形式，它最明显的特征就是方法上的集体灌输式，具有集中组织、目的明确、有一定强制性等特点。而隐性教育在开展过程中更多的是采用间接的、侧面的方法，以环境渗透、活动竞赛、制度影响、艺术熏陶、网络媒介、社会实践等为主要形式，相对显性教育更具渗透性、隐蔽性，在一定程度上能够克服受教育者的意识障碍，淡化教育形式和直接说理，强调自然地教育与学习，体现"环境育人""生活即教育"的理念，更易被受教育者接受。

案例三《线上读书会：疫情防控中的大学生思想政治教育实践》主要侧重于通过隐性教育，教师借用读书之名开展思想政治教育，通过网络载体对学生进行渗透式教育，让学生在不知不觉中、无意识中接受教育，从新型冠状病毒肺炎疫情的阴影中走出来，重拾学习与生活信心，从而达到意想不到的效果。此案例给了我们一个新的启示，在网络媒体高度发达的今天，无论是显性教育还是隐性教育都要充分利用网络这一载体，网络已成为大学生生活学习中必不可少的部分。除了通过网络开展读书会，还可以通过建立微信公众号、开发相关手机软件等形式开展大学生思想政治教育，既丰富教育内容，也创新教育形式，更好地满足学生的需要和社会发展的需要。相比较而言，案例四《党建育人：充分发挥党员的先锋模范作用的实践》就是通过显性教育，以"强学习、树榜样、搭平台"三个显性方面，充分发挥榜样的先锋模范作用，对党员、积极分子、团员及学生进行教育，将党员培养贯彻落实到全体学生学习生活的各个方面，学生由团员成长为党员的全过程中去，实现全员全程全方位育人，对学生在大学时期的成长成才进行正确教育引领。

---

① 赵建超：《高校隐性思想政治教育的困境与应对》，《广西社会科学》，2016年第9期，第213页。

② 朱志刚：《论思想政治教育的隐性化》，《求实》，2006年第2期，第82页。

【案例三】

线上读书会：疫情防控中的大学生思想政治教育实践①

一、案例背景

自 2019 年年底新型冠状病毒肺炎疫情暴发以来，全国范围内的正常生活秩序受到了严重影响。为了配合国家的疫情防控要求，早日控制住疫情，2020 年春，学生纷纷开启了"宅家上课"模式。这对于学生来说是从来没有过的体验，大家除了要面对疫情何时结束的煎熬焦虑，还要面对新情况下新的学习模式的不适应带来的煎熬焦虑，这些情况如果得不到及时的缓解，容易产生如下问题：一是宅家的时间较长，连续几个月都不能外出，对于这个年龄阶段的学生是一种煎熬，会造成他们情绪低落，进而容易产生一系列心理问题。二是长期在家的青年学生容易跟父母产生矛盾，甚至发生争吵，导致与父母关系紧张，这也是造成他们心理压力的重要因素。三是新型冠状病毒肺炎疫情暴发前期，在感染病例数据不断增长的大背景之下，学生可能会对抗"疫"形势产生担忧情绪，心理蒙上一层阴影，无形之间不断给自己施加压力，使得自己变得越来越悲观，甚至不愿意说话或与人交流。

如何提升学生抗"疫"信心？如何用抗"疫"实际行动和成效缓解学生的压力？在这个特殊时期，除了利用网络开主题班会，向学生推荐好视频，还能利用网络做些什么呢？在参加全国高校辅导员网络培训示范班课程时，对祝鑫的"新时代高校辅导员网络育人工作实践探索"非常喜欢，感触很深，再次思考如何运用网络组织学生开展有意义的活动，对学生进行价值引领和思想引导。同时又想到时下流行的"网上共读模式"：无数陌生的人通过互联网的某些功能聚集在一起，共享一本好书，或是共读一本好书。比如公众号"有书"通过搭建一个用户和知识之间的桥梁，以共读场景的形式设计使用户参与进来，每周共读一本书，每周写一篇读书笔记，带动没有行动力的人把读书落实到实际行动上。要不也搞个网络读书会？一是通过每天的读书交流把分散在各地的学生联系起来，二是通过有目的、有要求的阅读让学生每天的生活更加充实、精神更加丰富、思想得到洗礼与升华。通过与主要学生干部的沟通，得到学生干部的一致响应，于是开展了为期四周的网络读书会活动。

---

① 本案例由西南科技大学程晓娟提供。

二、案例概述

（一）共读时间、共读书目

共读时间：2020年3月到2020年4月。

共读书目：我给学生推荐阅读两本书，一本是维克多·弗兰克尔的《活出生命的意义》，一本是利亚里克斯·佩塔克斯的《思维的囚徒》。之所以选读这两本书，是因为自己一直喜欢存在主义疗法，维克多·弗兰克尔作为存在主义疗法大师，以他的经历为蓝本的《活出生命的意义》既是他生命的写照，也是对如何在苦难中寻找意义的指引，有很大的疗愈作用。我想在这个全民抗"疫"、学生无法返校的特殊时期静下来读一读经典应该会有特殊的收获。而《思维的囚徒》的作者师从维克多·弗兰克尔，在研读了《活出生命的意义》这本书后，拜访了维克多·弗兰克尔，提出要为《活出生命的意义》这本书写续集，并提出了七个原则作为如何活出生命意义的抓手，于是就有了《思维的囚徒》这本书的诞生。《思维的囚徒》提出的寻找生命意义的七个原则分别是：一是自由地选择你的态度，二是实现有意义的目标，三是发现生命瞬间的意义，四是千万不要违心做事，五是从远处审视自己，六是改变你的关注焦点，七是要敢于超越自己。为方便领悟这七个原则，作者又把这七个原则进行综合、简化和拓展，概括出三大要素，这三个要素形成了一个新的范式（可将其看作一种独特的思考方式或认知模式），作者称其为"OPA意义准则"：第一，要与他人建立有意义的联系；第二，对从事的工作要有崇高的目标；第三，要用积极的态度拥抱生活。

从字面上来看，这些提法就和辅导员的工作"对学生进行价值引领和思想引导，帮助学生养成合理信念、正确认知、理性思维"有异曲同工之妙！

希望学生喜欢，希望学生能从这两本书中受益，得到精神的洗礼，希望大家在共同的阅读中找到思想的力量。

因为，饱满而充实的灵魂足以抵挡苦难！

（二）共读方式：线下阅读、网络自由分享与线上集中交流

读书会分成两个阶段：第一阶段为线下阅读与网络分享，第二阶段为线上集中交流。

第一阶段的线下阅读与网络分享由三方面组成：

一是自由阅读。线下阅读时间、阅读平台由学生自由选择，可以通过网络找阅读资源，当时推荐的是微信读书App，由于新型冠状病毒肺炎疫情等原因，微信读书等App都是免费使用的，学生线上找书阅读没有任何困难。另外，有条件的也可以购买纸质书阅读。

二是建立共读群。首先领读人在群里布置每天的阅读内容，指导如何读；其次学生每天打卡，分享读书感悟，包括阅读心得、最喜欢的观点、最喜欢的金句或者印象最深刻的细节。

三是安排学生领读人，负责关注学生每天的阅读打卡情况，同时也负责共读QQ群的舆情监控，保障共读群内消息积极向上，不讨论和发布违规及敏感话题。

按照读书进程，两本书读完之后进行第二阶段的线上集中交流。线上集中交流采用QQ群课堂和QQ留言同时进行的方式。线上交流的时间刚好选在4月23日——世界读书日这天。感谢流畅的网络，感谢功能强大的QQ群课堂，可以让天南地北的同学聚集在一起。就如线下读书交流一样，前10分钟由辅导员主持，介绍推荐两本书的原因和主要内容，后面40分钟由学生阐述自己的读后感，推荐自己喜欢的金句、细节，还可以提问。

由于有前期的持续阅读和每天阅读打卡，学生对这两本书的内容都比较熟悉，读书会搞得热闹顺畅，甚至比大家集中在教室里交流还聊得欢。没有发言的同学把自己读书的感受、想法在群里分享或者和发言的同学互动，最后10分钟安排了两个同学主持总结。

（三）共读效果

时间过得很快，一个月两本书，从数量上来看是不多的，但学生对本次网络共读的尝试反响很好。有同学说，很喜欢这种将个体阅读与组队阅读结合起来的方式，大家共读一本书，还有深度的交流，拉近了彼此的关系；虽然受疫情影响，大家各自蜗居在家，但每天的阅读交流打卡，就把学生凝聚在一起了。还有同学说，人是有惰性的，个人阅读有时坚持不下来，但在群里打卡，每天看任务单就能督促自己坚持下去。也有同学说，大多数时间就是在网络上随便浏览，是快餐化和碎片化的阅读，有时甚至就是为了消磨时间而一无所获，但有组织、有要求的共读则将快餐化和碎片化的阅读转为系统阅读和深度阅读，长期坚持下来，收获定会不小。

三、案例启发

阅读是最简单最便宜的成长途径，而对辅导员来说，有目的地引导学生阅读也是开展思想政治教育工作的一种方式。思想政治教育工作从来都不是简单的说教，告诉学生什么能做什么不能做，而是通过精心安排，巧妙地把思想政治教育的目的和要求嫁接在一系列载体中，通过这些载体传播马克思主义的理论、观念和思想，帮助学生形成正确的价值观、人生观和世界观，激发学生内在的成长动力继而生成积极的思想和品质，促进学生全面发展。本次借用网络读书会，线下和线上相结合的阅读互动模式，表面上是读书，而对辅导员来说，其实质是基于网络新常态、积极利用新媒体技术主动开展思想政治教育工作的一次教学实践。

虽然读书会告一段落了，但基于本次网络读书活动的成功组织经验和网络的新常态，积极利用网络新媒体开展思想政治工作也会成为辅导员开展思想政治工作的新常态。通过本次活动，对于如何积极利用新媒体技术主动做好学生思想政治教育工作，有如下几点思考：

（一）更新观念，与时俱进，认识到新媒体技术对高校思想政治教育的必要性和重要性

运用新媒体、新技术使思想政治工作活起来，实现思想政治工作传统优势同信息技术的高度融合，增强新时代思想政治工作的时代感和吸引力，这是时代的需要。作为辅导员对大学生进行包括社会主义核心价值观认知、认同、践行三个层面系统整合教育的思想政治教育工作则必须顺应时代发展，遵循教育规律，无论是课堂教学还是各种课外主题教育和实践活动，都需要采取现代教育技术与方法，尤其是利用现代媒体技术优化宣传教育工作，充分发挥新媒体、互联网技术等的优势，运用好网络阵地，精心制作微课、推送公众号，进行社会主义核心价值观的宣传教育，营造氛围，形成教育合力，不断增强思想政治教育的亲和力和针对性、时代感和吸引力。

（二）加强学习、提高运用媒介素质，主动运用新媒体技术推进日常思想政治教育工作

伴随着新媒体的快速发展，一方面要充分利用网络，找到更新的和更全的资源，在主题班会或其他团队活动中，利用多媒体工具向学生展示并传递知识，调动学生的积极性；另一方面就新媒体中出现的各种话题及时与学生展开各种互动，对问题进行探讨，甚至是平和的争论，在这个过程中，学生可以发表自己的看法，老师也会为学生进行深入浅出的讲解。在这样的氛围下提高了学生对思想政治教育的接受度，同时也提高了学生甄别网络信息的能力。

（三）调动学生积极性，发挥其主观能动性，引导学生提高媒介素质

学生媒介素质能力的提升与学校的教育管理休戚相关。在网络时代，教师要与时俱进，结合时代的新发展，社会对人才的需求，国家对人才的要求，有目的、有计划地将媒介素养教育纳入学生教育管理中。一是加强思想引领。通过学校整体营造的环境、提供的渠道，让学生意识到媒体素养的提升对个人发展的重要性，同时通过课堂学习、讲座交流或活动让学生真切地感受到媒体素养的提升可以让自己获益，从而主动进行自我教育，同时把自己的获益向周围

的学生辐射，产生复利价值。二是开展相关活动。上面的建议主要是营造大的环境，让学生重视媒介素质提升的重要性，而更重要的是要让学生有机会通过实战提升自身的媒介素质能力。比如通过学校设立的各种直接或间接的可以展示学生媒介素养教育的比赛或展示活动，搭建平台展示学习成效推动学生提升媒介素养的主动性和自觉性，进而进一步提升学生的媒介素养。虽然，一些活动只能有部分同学甚至少部分同学参加，但在新媒介环境就不一样，这样的活动通过新媒体，实际上就是宣传，会有扩散和放大作用，从而调动更多学生的主动性和积极性，充分发挥大多数学生的主动性和积极性，进而实现教育的初衷。

（四）政府、社会共同发声，营造好的环境熏陶人

一是在政府的指导下有关职能部门要完善法规，净化环境。社会在发展，时代在进步，相关职能部门要根据政府统一的管理就相关的发展领域建立健全相关法规。比如，针对如何发布信息、不良信息的甄别处理、不良信息发布者应该承担的责任等问题，要尽快出台相关的政策，从而规范媒介行为。如果有这样的媒介环境，就势必给学生媒介素质的养成造就了一个良好的环境，为其教育提供了保证。二是各类媒体有巨大的自身资源和优势，有得天独厚的条件，通过各种形式一方面在自己管理的媒体上发声，让自己管理的媒体走在新媒体发展的前列，发挥宣传工具的优势作用。另外还可以主动出击，承担媒体的社会责任。比如主动走进学校，通过举办讲座和沙龙活动等，教学生提高识别媒体信息、鉴别媒体信息等能力。

【案例四】

党建育人：充分发挥党员的先锋模范作用的实践[①]

党员是党的肌体细胞和党的活动主体。发展党员工作是党的建设过程中一项经常性的重要工作，是党的建设新的伟大工程中的一项基础工程，是党员队伍建设的重要组成部分。高校培养党员，发挥党员先锋模范作用，需要从源头把控，落实"三全育人"，将党员的先锋模范作用的发挥贯彻到党员培养考察和发展的全过程中去。在党员培养的过程中，我们要加强学习，贯彻"三会一课"，深化理论学习；树立榜样，主动搜集党员先进事迹，大力宣扬党员正面典型，利用身边的先进党员事迹，树典型，立榜样，为党员及广大入党积极分

---

① 本案例由西南科技大学谭小波提供。

子发挥先锋模范作用提供标杆等。

一、案例背景

大学生党员是国家的希望、民族的未来，是推动新时代党的事业发展前进的"生力军"，肩负着中华民族伟大复兴的历史重任。大学生党员先锋模范作用是否充分发挥，不仅是衡量高校基层党组织建设效果的"标度尺"，也是增强党组织吸引力、影响力、感召力和向心力的"稳定剂"。尤其是在巩固"不忘初心、牢记使命"主题教育成果，持续深入推进"两学一做"常态化、制度化的背景下，大学生党员更应该树好先锋模范作用，做好先进表率。党员的先锋模范作用，应该贯穿于党员培养和发展的全过程，从提交入党申请书的那一刻起就要接受党组织的考察和培养，主动学习党的知识，践行党的宗旨，发挥其先锋模范作用。然而在对入党积极分子进行考察的过程中，我们发现有部分积极分子虽然学习成绩出众，科研能力突出，但是为人民服务的意识却很淡薄，对志愿服务、奉献社会持与己无关的态度；部分积极分子对党的知识知之甚少，入党动机功利化；同时我们也发现部分积极分子和党员很好地践行了党的宗旨，积极投身志愿服务活动中，很好地发挥了自身的先锋模范作用。基于以上实际情况，在党员的培养和发展中，我们制定了"强学习""树榜样""搭平台"的党员培养和教育方法，以更好地促进积极分子和学生党员了解党的知识，贯彻党的宗旨，积极发挥先锋模范作用。

二、案例梗概

（一）强学习

首先，党建带团建，加强党团学习。高校培养党员，发挥党员先锋模范作用，需要从源头把控，落实"三全育人"，将党员先锋模范作用的发挥贯彻到党员培养考察和发展的全过程中去。因此，党员的发展要从团员的培养抓起。

党建带团建，即以党的建设带动和促进团的建设。具体来说，就是基层党组织在各级党委的领导下，抓好自身建设，增强凝聚力和战斗力，带动基层团组织的建设，增强共青团组织的生机和活力，以更好地发挥团组织作为党的助手和后备军的作用。党建带团建的内涵可以概括为：一是党组织要从思想建设、组织建设、作风建设、队伍建设等各方面实实在在地带动团组织的建设和发展；二是党、团组织要切切实实地抓好自身建设，虽然在贯彻党在高校的路线、方针和政策方面的政治任务上一脉相承，但各自的内容和侧重点仍有不同：党组织要积极发挥战斗堡垒和先锋模范作用，让团组织和广大团员同学能够学有榜样、行有楷模；团组织则要不断改进引导青年、组织青年、服务青年、维护青少年合法权益的工作方法，做好党的助手和参谋。

高校推进"三全育人"改革实践研究
——基于显性教育与隐性教育融合统一

为更好地进行党的知识学习,学院党委要以党的基本知识宣讲推动团员青年的政治学习,深化团员青年的思想认识。随着越来越多的"00后"青年团员走进大学校园,受形形色色生活观念、社会思潮的影响,他们的思想观念和价值取向多元性的表现日益明显,因此,抢占"00后"青年团员思想政治工作主阵地,及时有效地开展思想政治教育工作显得尤为迫切和重要,学院党委可以通过三个渠道带动团员青年的思想政治学习。

第一,以"党校"为主阵地,选拔团学干部代表走进党课课堂。党课教学除了面向入党积极分子,还分期分批组织学院团委指导下的学生会干部代表、班级团学干部代表走进党课课堂。由学院党委、团委、党支部负责老师组成的一支专兼结合的师资队伍,深入浅出地教育引导入党积极分子和团学干部坚定对中国共产党领导的信念和信心。

第二,以"团课"为主战场,组织学生团员学习党团及专业相关知识。学院团课的开展已基本实现经常化和正规化,基本做到了"每学期初有计划,每学期末有总结",取得了较好的成效。学院的团课,既有团的基本知识,又有党的基本理论,加之与专业相关的讲座,党员团工作的一些具体技巧和方法,团课内容极为丰富,广大学生团员反响热烈。

第三,以"云端"为主辅助,通过各种线上平台学习和传播党团知识。在学生不能按时返校,居家上网课的新型冠状病毒肺炎疫情时期,通过线上会议、抗疫微党课、青年大学习、直播"云实践"等方式进行"四史"学习,了解时事热点,宣传党组织的正确领导和党员先进模范事迹,从而丰富学习的内容和形式,促进党团知识的学习与传播。

其次,落实"三会一课"制度,开展每周一课。"三会一课"制度是党的组织生活的基本制度,是党的基层支部应该长期坚持的重要制度,也是健全党的组织生活、严格党员管理、加强党员教育的重要制度,是我党经过长期实践证明了的一种行之有效的党组织生活制度。定期召开支部党员大会、支部委员会、党小组会,按时上好党课。开展每周一课,支部书记带头讲党课,学生党员、入党积极分子采用分小组的形式,以小组为单位进行党的基础知识讲解,充分动员学生党员、入党积极分子参与到党的基础知识学习中去,自己既是听讲人也是授课人,增强党课学习的效果。

(二)树榜样

以优秀共产党员和入党积极分子的感人事迹影响党团青年,充分挖掘学生党员人物典型,在学院党团青年中发起"学习先进、崇尚先进、争当先进"的宣传、学习活动,以他们身边同学的事迹,如疫情期间主动担任抗"疫"志愿者的党员朱某某、刘某某，入党积极分子黄某某等的典型事迹培养团员、积极分子和党员，树立崇尚科学、承担责任、奉献社会的良好道德风尚。

事迹1：学生第四党支部党员朱某某，在疫情发生伊始，便积极投身于抗疫中。首先，他主动向身边的人宣传防疫知识，与形形色色的谣言做斗争："我开始鼓励身边的人，不要听信网络谣言，不要乱用偏方。将各种辟谣的文章分享给身边的人，鼓励大家不要出门，响应号召不要聚集，做好卫生，就是最好的防护，而不是听信各种偏方。"其次，他自愿成为抗"疫"志愿者，贡献自己的力量。"我提出我想当志愿者的想法，得到了父亲的大力支持，并帮我联系镇上，询问村里是否有志愿者的需要，以贡献一份小小的力量。就这样，我光明正大地出门'瞎晃'，为公共场所消毒，张贴防'疫'告示，镇口值班站岗对外来车辆进行登记消毒，同时帮助村里整理土地确权的文件。十余天的时间，虽然不长，但是我切实感觉到我这个假期很充实，并且很满足。十余天的时间里，别人的微信步数停留在3位数，而我每天5位数……"

事迹2："在2020年疫情期间，我主动投身沧州市黄骅市疫情防控工作，面对这场没有硝烟的战争，不顾个人安危，深入一线入户走访排查，宣传防'疫'知识和疫情防控工作要求，及时掌握了疫情防控工作的第一手资料；面临防护物资越来越紧缺、工作强度越来越高、执勤难度越来越大等重重困难，冒着凛冽的寒风坚守岗位，在门岗不厌其烦地开展查证、测温、劝说、解释等工作，用自己的实际行动践行着党员宗旨。及时了解疫情动态，认真学习防护知识，积极做好党支部、班集体中的学生思想工作，避免恐慌心理，教育引导身边亲友、同学正确理解、积极配合、科学参与疫情防控，仔细辨别核实网络信息，坚决抵制散布谣言，得到了当地政府和人民群众的一致好评，全区群众都看在眼里、记在心里。什么是初心使命？什么是责任担当？一股股暖流涌上心头并支撑着我。疫情防控是对国家治理体系和治理能力的一次实战检验，也是广大青年践行初心使命、体现责任担当的试金石和磨刀石。在各级党组织和党员干部的带领下，组成了坚不可摧的战斗堡垒，筑牢防控体系，执行防控措施。让我们对打赢这场疫情防控阻击战充满信心。我相信，没有一个冬天不可逾越，没有一个春天不会来临，让我们众志成城，共渡难关，坚决打赢疫情防控阻击战。"学生党员刘某某写道，他用实际行动践行了一名党员的光荣使命。

事迹3：入党积极分子黄某某也主动参与到疫情防控中去，"作为一名入党积极分子、一名青年大学生，我毅然选择投身新型冠状病毒肺炎疫情防控工作，在党中央的正确指示和坚强领导下，与地方政府工作人员一同走在抗'疫'前线。在2020年春节之际，上门走访社区的每一户居民，进行人员信息统计和通行证的发放,并告知当前疫情防控形势、具体防控措施及相关要求。走访登记是一件非常枯燥乏味的事情,每天重复地说一样的话,不断地敲门和书写;也是一件消耗体力的事,从早上八点过到晚上六点都在不停地走动和上下楼梯。在登记的过程中,我们往往是足不入户,站着或贴着墙记录,有时有好心人递出凳子,我们就在凳子上记录。口罩一戴就是一整天,脸上常常勒出口罩印,同时也不利于呼吸,呼出的水蒸气不仅浸湿了口罩,也模糊了眼镜。在社区工作人员忙不过来的时候,我们也利用自身所学帮助工作人员进行信息统计和录入工作,一整天盯着电脑屏幕足以使人眼花缭乱。在寒冬中,多见的只有戴着红袖套或者穿着小红衣的志愿者和工作人员"。

挖先进事迹,树先锋模范,这些党员、入党积极分子的先进事迹值得每一名学生学习,并以之为榜样,主动发挥先锋模范作用。党支部将挖掘到的先进事迹,利用团课、党课、支部会议等形式向广大学生党员、积极分子、团员进行宣传讲解,号召大家向身边的先进党员学习。

(三) 搭平台

学院依靠党委领导,依托学生群体,搭建长效社会实践平台,联通专业建设和基层党建。其中专业建设侧重于学生学科素养和专业技能模块,基层党建能为专业建设的顺利实现提供保障,两者协调开展,形成合力。

我们创新建设"126"实践平台,即搭建1个平台,联通2个模块(专业建设和基层党建),依托6个支点(6大党支部)。

搭建"1"个社会实践平台,以党委牵头联合各个支部打造一个长效的社会实践平台,夯实基层支部建设,加强党员理论知识学习,落实党员思想建设,学习先进精神。同时重视实践,在实践中学习,重点落实理论与实际相结合。

联通"2"个模块,将专业建设与基层党建相结合,"围绕中心抓党建、抓好党建促发展"是党建和思想政治工作的总体思路。就高校党建而言,把基层党建工作与学科建设工作紧密结合,是高校发展的迫切要求,是加强党对高校领导的重要保证,也是按照科学发展观重要思想建设党的客观要求。充分发挥基层党组织在高校学科建设中的指导作用,是党组织在高校发展中长盛不衰的重要保证。深入专业技能学习,保证专业知识过硬,专业能力拿得出手,并将其与基层党建相结合,实现实践与党建两手并抓、两头并进。

依托"6"个支点,重点打造学院6大党支部,重视对党员培养,落细落实"三会一课"、组织生活会等党内基本制度,以支部推动学习常态化和规范化。依托"学习强国"网络平台,组织全体党员开展学习,结合"学习强国"

积分管理，建立党员教育培训学分、积分考核制度，对各党支部学习排名进行公布，形成学习氛围，增强学习实效。并且把宣传基层作为重点，对基层的工作经验、创新做法进行提炼，以消息、现场短新闻等形式对其予以报道。讲好党员故事，树立鲜明的工作导向，搞好组织宣传。

在"126"实践平台的作用下，深抓学生党员的思想意识形态教育，提升学生党员的党性修养，加强学生的专业涵养，培养学生实践创新能力。学生党支部在学院党委的统一领导下，各支部协调合作，各学生党员积极配合、发挥合力，围绕科研教学、人才培养等方面，提升育人合力，从而不断提升党建育人队伍的战斗力。与其他院校及时交流，以制造学院牵头，形成一套规范可复制的院校基层党建发展范式。

三、案例评析

党的十八大以来，高校中党的建设、青年成长成才、思想政治工作和意识形态工作在不断加强。围绕"培养什么人、怎样培养人、为谁培养人"这一根本问题，党和国家做出了一系列重大决策部署，这些决策部署内容明确、主线贯通、逐步深入，为加强和改进新形势下高校思想政治工作指明了前行路径。高校学生党员作为青年中的先进群体，在引领高校学生践行社会主义核心价值观的过程中发挥着重要的榜样引领和示范带动作用。因此，如何引导高校学生党员在党爱党、在党言党、在党为党，勇担民族复兴的大任是当前高校亟待解决的重大问题。

在本案例中为充分发挥学生党员先锋模范作用，高校通过制定"强学习""树榜样""搭平台"的党员培养和教育方法，以更好地促进入党积极分子和学生党员了解党的知识，贯彻党的宗旨，积极发挥其先锋模范作用。

在党员的培养过程中，首先，高校要坚持"因时而变"，创新和完善学生党员培养体系。一方面，将党员培养纳入学生学习知识、塑造能力全过程中，从院系层面做好整体的教育安排、规划，形成院系、班级、宿舍多层级的教育模式。同时根据学生所学专业、职业发展要求，结合社会热点，充分发挥专业老师的作用，有针对性地开展学生党员的教育培养工作；另一方面，组织开展好学习型、创新型、服务型的支部建设工作，将党员的理论教育落实到具体的多类别各种实践教育中，形成特色工作，让党员学生在实践中提升对党的理论的认识、理解和运用，提高理论教育效果。要围绕学生党建工作落实培训方式日常化，结合学生思想实际，制订相应的培训计划，增强教育的系统性和针对性。要充分利用学校集中培训、学院培训、支部培训及个人自主学习的显性教育方式，做到将集中辅导与分散自学相结合、理论学习与实践锻炼相结合、过程控制与效果评估相结合。其次，高校要坚持"因势而新"，健全党员选拔考核机制。党员质量的好坏与党组织的发展密切相关，学生党员的选拔更要把好入口关。高校要按照"把控总量、提升质量"的要求坚持选择标准，从源头保证党员质量。同时，要综合考量学生的"德、智、能、绩"，促使学生党员的发展规范化。最后，高校要坚持"三全育人"，在培养学生党员的全过程中，严格执行"三会一课"制度，将思想政治教育真正落到实处。

我们在党员培养和发展的过程中，通过显性教育，坚持"三全育人"将党员培养贯彻落实到全体学生中去、学生学习生活的各个方面中去、学生由团员成长为党员的全过程中去。采取"线上＋线下"的多样化形式，深入挖掘身边现实的先进事迹，树立生活中实实在在的榜样，将党的理念和信仰具体到一个个有血有肉、有情有义的显性个体身上，更好地发挥先锋模范作用。搭建一个长效平台，为广大党团学生做到理论联系实际、深入理解党的理念和思想、内化党的相关知识提供平台支持。

第三章 春风化雨：坚持显性教育 坚守大学生思想政治教育主阵地

显性教育与隐性教育通常被认为指的是显性思想政治教育与隐性思想政治教育，是开展思想政治教育的两种不同方式。显性思想政治教育与隐性思想政治教育在高校思想政治教育中虽然所占比重不同，但都不可或缺，是构成高校思想政治教育的重要组成部分。显性思想政治教育是高校开展思想政治教育的主要途径，曾一度发挥重要的作用，取得了显著的成效。

第一节 显性思想政治教育的内涵与特点

一、显性思想政治教育的内涵

通过前文对显性教育内涵的解析可以得出，显性思想政治教育就是高校在开展思想政治教育的过程中，依照既定的教学目标和培养计划，通过课堂教学、专题讲座、报告会、网络传媒等公开化的形式，有组织、有计划、有系统地对受教育者施加影响，从而达到思想政治教育目的的社会实践活动。显性思想政治教育主要通过榜样示范、感染教育、疏导教育、激励教育、比较教育等方法，通过思想政治理论课、主题讲座、小组讨论、形势与政策报告会、学术交流会、大众媒体、日常管理等方式和手段对受教育者进行教育，其教育内容非常广泛，包括马克思主义理论教育，社会主义核心价值观教育，党的基本理论、基本路线和基本方针教育，四史教育（中共党史、新中国史、改革开放史、社会主义发展史），中华民族优良传统和中国革命传统教育，公民道德和法治教育，基本国情和形势政策教育以及生态文明教育等。显性思想政治教育的目的在于促进人的全面发展，引导人们坚定正确的政治方向，为人们提供强大的精神动力，帮助人们培育高尚的思想道德，树立正确的世界观、人生观、价值观。

二、显性思想政治教育的特点

近年来随着学界对显性教育研究的进一步深化，显性思想政治教育的特点也被挖掘了出来。有的学者认为显性思想政治教育最显著的特点就是以正面宣传为主，往往利用各种公开化的形式达到宣传目的。章波、张翾认为"显性思想政治教育的特征归结起来有四个方面：一是教育目标明确；二是教育手段外化；三是教育意图明显；四是教育形式公开"[①]。并提出显性教育主要通过理论灌输的方式在意识形态教育中曾经发挥着积极作用。王文娟将显性思想政治教育的特点归结为以下几点：教育目标明确、教育影响直接、教育内容系统、教育手段强硬、教育载体单一等，它能够直接、高效、全面地对学生施加影响，是高校思想政治教育的主要途径。[②] 李新灵指出显性教育的特点很多，但其最突出的特点是教育目的明确、教育主客体固定、教育效果显著。[③]

通过以上学者对显性思想政治教育特点的描述，结合其在高校教学过程中的实际，可以将显性思想政治教育的特点归结为教育目的明确性、教育手段规范性、教育形式公开性、教育内容系统性、教育效果显著性等，但是，显性思想政治教育同样存在着教育载体较为单一、教育过程枯燥乏味等特点。这些特点在一定程度上彰显了显性思想政治教育的优势，使其取得良好的效果，但随着社会思想文化多元化的发展，这些特点也阻碍了显性思想政治教育的发展，导致显性思想政治教育不能充分发挥其功能和作用，使高校思想政治教育未能达到预期效果。

要使显性思想政治教育充分发挥其作用，必须要与时俱进，密切契合受教育者的认知特点，遵循思想政治教育规律，挖掘学校育人资源，深度打造育人途径。高校思想政治理论课是落实立德树人根本任务的关键课程，也是高校显性思想政治教育的重要体现。案例五《思政课改革创新：西南科技大学马克思主义学院"一核五链"构建多方协同"三全育人"模式的探索》就是不断加强

---

① 章波、张翾：《新形势下高校思政教育中显性教育与隐性教育相融合实践探究》，《湖北第二师范学院学报》，2019年第36卷第6期，第35页。

② 王文娟：《融媒体背景下高职院校思想政治隐性教育探析》，《职业技术教育》，2020年第41卷第5期，第69页。

③ 李新灵：《显性教育和隐性教育在高校思想政治教育中的结合》，《科教导刊》，2021年第7期，第85页。

思想政治理论课改革创新，通过显性思想政治教育，坚守铸魂育人主阵地的有效探索。

【案例五】

思政课改革创新：西南科技大学马克思主义学院"一核五链"构建多方协同"三全育人"模式的探索①

西南科技大学马克思主义学院始终坚持以思想政治理论课建设为立院之本，坚持以人为本，推进"四个回归"，努力探索课程育人、科研育人、管理育人、实践育人、文化育人等多方协同的"三全育人"体系，充分发挥思想政治理论课在培养德智体美劳全面发展的社会主义建设者和接班人中的关键作用。

一、坚守"铸魂育人"核心

建设好学院、办好思想政治理论课，最根本的是要全面贯彻党的教育方针，解决好"培养什么人、怎样培养人、为谁培养人"这个根本问题。始终坚持铸魂育人核心，通过学院党建领航和思想政治理论课的改革创新，将"铸魂·领航"与"三全育人"进行有机融合，用习近平新时代中国特色社会主义思想铸魂育人，引导学生坚定"四个自信"，厚植爱国主义情怀，把爱国情、强国志、报国行自觉融入坚持和发展中国特色社会主义、建设社会主义现代化强国和实现中华民族伟大复兴的奋斗之中。

二、贯通"三全育人"五链

（一）优化顶层设计，打造党建组织引领链

学院党委聚力实施"六大工程"（"铸魂"理论武装工程、"e+1+1+1=1"凝聚工程、"理论宣讲"特色工程、"党风廉政"文化工程、"先锋计划"育人工程、"五支队伍"成长工程），发挥党建引领作用，不断推进"三全育人"统筹推进常态机制建设，学院党委的创造力、凝聚力和战斗力不断增强，为人才培养奠定了坚实的组织基础。学院党委精心遴选高学历、高职称的教学科研骨干担任党支部书记，落实党支部"双带头人"制度，推动党建工作与学生成才紧密融合。创新实施教工支部与学生支部结对共建，并以此为基础延伸形成了"教工党支部＋学生党支部＋学生理论社团＋学院关工委成员"党建带团建的工作机制，组织师生党员积极开展参观红色教育基地、社会调查、志愿者服务

---

① 本案例由西南科技大学马克思主义学院提供。

等丰富多彩的党建实践活动，帮助青年大学生扣好人生第一颗扣子，坚定理想信念，为人才培养"铸魂"。

（二）深化师德师风建设，打造队伍"六要"师资链

以深化师德师风建设为重点，按照政治要强、情怀要深、思维要新、视野要广、自律要严、人格要正的"六要"标准，加强思想政治理论课教师队伍建设，扎实推进"师道提升、师楷塑造、师途帮扶、师能助推、师绩展示"，要求教师以德立身、以德立学、以德施教，落实师德一票否决制，建立健全师德师风培育、评价和惩戒制度，创新教师队伍的引进和培养机制，持续优化教师队伍结构、提升整体素质，广大教师在教书育人、心理育人等方面的效果不断显现。专任教师队伍中有 2 位教师荣获"全国优秀教师"称号，1 位教师获"全国高校思想政治理论课教学能手"称号，1 人入选全国高校思想政治理论课教师 2017 年度影响力提名人物，1 位教师获评"四川省教书育人名师"，1 位教师获评"四川省高校优秀思想政治理论课教师"，2 位教师获评"四川省大学生思想政治教育先进工作者"；8 人入选四川省学术和技术带头人后备人选名单，2 人入选四川省高校思想政治理论课教师择优资助计划。

（三）推进课堂改革，打造课程同频共振链

把思想政治教育贯穿人才培养体系，持续推进思政课程改革创新，优方法、提质量、铸精品，培育精品示范思政课程，全面提升思政课程教学质量，进一步增强思政课程的亲和力、感染力、针对性和实效性，进一步发挥课程教学在育人成才中的主渠道作用。发挥思政课程关键作用，建立思政课程与课程思政协同推进机制，健全思想政治理论课教师指导课程思政制度，构建思想政治理论课与专业课同向同行、同频共振的良好局面，打造课程同频共振链，在课程育人中丰富为党育人、为国育人内涵，让课堂成为坚定学生理想信念、弘扬中华优秀传统文化、革命文化和社会主义先进文化的主渠道，有效提升课堂主阵地的育人效果。自 2017 年以来，学校思想政治理论课中，获批国家级一流课程 1 门、省级一流课程 4 门、省级课程思政示范课程 3 门；荣获省级课程思政示范团队 1 个、省级思想政治教育名师工作室 1 个，获批教育部示范马克思主义学院和优秀教学科研团队建设项目 1 个；在教育部第一届、第二届高校思想政治理论课教学展示活动中 1 人获特等奖、5 人获一等奖、1 人获二等奖，11 人次在省级教学比赛中获奖；获省级教学成果奖 2 项，省级教学改革项目 1 项。2019 年荣获"四川省思想政治理论课建设先进集体"称号。

（四）强化科研育人，打造学理知识支撑链

通过科研活动培育学生刻苦钻研、勇于创新、学术报国的科学精神，加强

科研、教学与学生管理部门之间的协调与联动，统一协调各科室，规划多样化的面向本科的教学资源，提高学生科研活动参与度与积极性，以健全学生知识结构、丰富学生理论储备为目的，建立科研反哺教学、学术研究与教学实践融合发展的制度机制，不断提高理论穿透力，让马克思主义理论以其科学的理论逻辑和思维方式在育人中发挥强大的思想感召力和精神穿透力，服务学生成长成才。2012年以来，学科教师承担国家级项目25项，其中国家社科基金项目20项，省部级科研项目70余项，科研立项经费1200多万元；省市级科研成果奖40余项，其中省部级科研成果奖11项；出版专著40余部，发表学术期刊发表论文300余篇，获批四川省高水平社会科学团队（后备）1个。

（五）整合各方优势，打造育人资源共享链

充分依托学校长期形成的"共建与区域产学研联合办学"的体制机制，加强与学校董事单位的合作；进一步健全与中国社会科学院马克思主义研究院、四川省社会科学院、四川省社会科学界联合会、绵阳市委宣传部等校地共建机制，深化共建合作、整合育人资源；健全学院与地方共建"流动党校"的体制机制，充分发挥学科、理论研究等资源优势，组织师生到地方政府部门、街道社区开展党的创新理论宣讲，扩大覆盖面，并以此为抓手推动校地合作，建立一批制度健全、管理规范的大学生社会实践基地，构建实践育人载体，把服务社会与人才培养有机衔接起来，形成合作开放、优势互补、资源共享、共同提升的开放办学新格局，使人才培养更加切合社会的需要。学院联合共建单位，先后举办了"四个自信"与马克思主义创新发展学术论坛等全国性学术会议和马克思主义与当代社会发展论坛、四川省高校"思想道德修养与法律基础"课程建设高端论坛、"传承红色基因 赓续精神血脉"庆祝中国共产党成立100周年研讨会等。2017—2019年，连续三年举办共建"一带一路"国际论坛。分别在绵阳市游仙区、北川县、涪城区，广元市青川县等地乡镇建立了"流动党校"10个，在广元市青川县建立马克思主义博士人才工作站1个，大力开展"校地结对建党校，村民在家上大学"系列理论传播创新活动，推动马克思主义理论大众化传播。与绵阳市、南充市、攀枝花市、阿坝藏族羌族自治州、凉山彝族自治州等地有关单位合作，举办了30余期地方干部培训班开展理论宣讲、政策解读活动，打造精品讲座近30个。建设了"马克思主义在四川的传播与实践教育基地"，在党史学习教育及党员党性教育中发挥了重要的作用。

第二节　显性思想政治教育的优势与不足

显性思想政治教育作为当前高校思想政治教育的主要方式，为培养中国特色社会主义建设者和接班人提供了重要保障，凭借其独特的优势在高校教育中发挥着重要作用，但也存在着一定的局限性。

一、显性思想政治教育的优势

通过对显性思想政治教育特点的分析，周桂菊、易启洪认为显性思想政治教育有着隐性思想政治教育所不具备的显著优势：目的明确、内容系统、组织规范、时效性强。这些优势使得显性教育一直作为我国思想政治教育的重要方式而存在，并取得了良好的效果。[①] 李传阳指出显性思想政治教育的主要优势体现在教育目的明确、教育内容整体化、教育效果易量化，他认为教育者总是基于特定的教育目的，对教育对象开展课程内容的教学。相对于隐性思想政治教育，显性思想政治教育更便于教育效果的量化考核，更直接地体现教育效果。[②]

通过总结分析以上学者对显性思想政治教育优势的论述可以看出，相对于隐性思想政治教育，显性思想政治教育目的更明确、方法更直接。教育者总是依据特定的教育目标对学生开展教育，学生也清晰地知道自己接受的是什么教育，教师与学生的双向配合使教育在短时间内取得显著效果。

有群体就有分化，但好的教育是不放弃每一个学生。案例六《后进生的转变：汇聚多方教育资源共促学生成长的改革探索》就是高校显性思想政治教育中常常遇到的一个育人现象：如何做好后进生的转变工作？后进生虽然在行为习惯上存在诸多不足，但是他们的内心仍然渴望得到承认和鼓励。在该案例中，辅导员针对后进学生存在的问题，通过艰苦、细致、复杂的显性育人工作，倾注情感、凝聚心血和智慧，直接、正面对学生采取有效的教育措施，在多方合力下，达到预期教育效果。

[①] 周桂菊、易启洪：《高校显性与隐性思想政治教育有机结合模式研究》，《长沙航空职业技术学院学报》，2020年第20卷第2期，第24页。

[②] 李传阳：《构建显性教育与隐性教育相结合德育模式促进大学生诚信品质提升》，《中国多媒体与网络教学学报（上旬刊）》，2021年第5期，第210页。

【案例六】

后进生的转变：汇聚多方教育资源共促学生成长的改革探索[①]

近年来，随着互联网的迅猛发展以及大学生日趋个性化的性格特征，后进生问题被赋予了许多新的内容，使得高校后进生教育更加多元化。《关于深化新时代学校思想政治理论课改革创新的若干意见》指出"教育是国之大计、党之大计，承担着立德树人的根本任务。思想政治理论课是落实立德树人根本任务的关键课程，发挥着不可替代的作用"[②]。在高校思想政治教育工作中，后进生作为学校教育群体不可分割的一部分，其思想教育既是重点也是难点。如何发挥显性思想政治教育的育人作用，有效促进后进生的转变，这需要我们进行更深入的思考与探讨。

一、案例背景

小汪，女，19岁，软件工程专业大二学生。自2018年3月5日至4月12日期间，晚未归次数达到十三次，后查明该生擅自在校外租房住宿。事发后，辅导员和学院对其进行了批评和教育，但该同学态度不端，并没有深刻认识到自己的错误，在老师的催促下也不搬回宿舍，仍然要在外住宿。依据该校相关规定，凡擅自在校外租房住宿的，给予严重警告甚至留校察看处分。

二、案例内容

（一）追根溯源

辅导员接管该生时，小汪已是大三下学期的一名学生，从该生上一任辅导员处得知：小汪大二时转了专业，从环境工程专业转入软件工程专业，有点适应不了新环境，加上学习上又非常吃力，她想有个安静的环境学习，就在学校附近租了房子。

（二）确定原因

见到小汪本人后，辅导员询问她最近的学习和生活状况。经过了解，发现小汪是一个非常有想法但也相对内向的人，中学期间其实她的成绩很不错，但是进入大学后，尤其是转了专业之后，她感觉专业课程很难，和室友的生活节奏也不一样，学习和生活都让她适应不了。此前她也知道夜不归宿是一种严重违纪行为，但因为办理请假手续太烦琐，而且觉得宿舍管理员也不是每天都要

[①] 本案例由广元职业技术学院董洋提供。
[②] 《关于深化新时代学校思想政治理论课改革创新的若干意见》，http://www.gov.cn/zhengce/2019-08/14/content_5421252.htm。

查寝，于是抱着侥幸心理，无视校规校纪，擅自在校外租房住宿。

三、案例分析

（一）理论依据

进入大学这样一个全新的、陌生的生活环境，一个专业、一个寝室的同学之间因为地域、风俗、性格、生活习惯等各方面的差异，彼此之间缺乏交流，对于很多第一次离开父母的学生来说，更容易感到孤独、伤感。同学间、室友间的相处一般需要较长时间的磨合，在磨合期内，一些自我调适能力较差的同学就容易在认知、思想、行为、心理等方面出现问题。

首先，了解后进生及其表现。对于这类学生来说，批评教育和各种纪律处分，教育效果一般都不明显。因此作为思想政治教育工作者不妨换个角度，深入地了解后进生的成因，对症下药，及时掌握学生成长规律，有针对性地开展思想政治教育和引导学生树立正确的人生观、价值观、世界观，也能收到良好的效果。

其次，后进生产生的原因。第一，主观原因。一是大部分后进生处于不成熟到成熟的过渡阶段，心智发展较为不成熟，情绪波动较大，易冲动。二是进入大学后，学生没能很好地适应大学的学习生活，依旧停留在高中时代的学习方式与方法上，习惯于老师"盯""管"，在没有老师监督的情况下，自主学习能力较差。三是自我管理松懈，不能控制、约束自己的情感和行为，也不能驱使自己去克服困难。第二，客观原因。一是社会不良现象的影响。随着互联网技术的飞速发展以及现代移动网络的普及，网络中传播的各种不利于学生健康成长的信息，都会对学生的成长产生消极的影响。二是家庭环境的影响。部分学生由于家庭环境较为特殊，父母的教育方式也存在一定的问题，错误的教育方式不仅无法发挥教育应有的作用，反而会使学生形成错误的价值观。家庭教育中，父母的错误行为及父母的感情问题等，都会给学生带来不同程度的负面影响。三是学校教育的影响。学校教育也存在一定的问题，错误的教育不仅让部分学生对学习失去兴趣，其心理也易产生叛逆或厌烦情绪。

（二）过程方法

第一，先找小汪所在班级的班主任、班委和宿舍室友了解大致情况，再通过不定期进行查课和查寝等方式掌握更多具体情况。

第二，与小汪的父母取得联系，了解小汪的生活环境，向家人询问小汪中学时期的情况以及进入大学后的变化。

第三，定期同小汪谈心谈话，了解其内心真实的想法和感受，对其进行心理疏导和学习规划指导。关于学业方面：辅导员以自身的求学经历作为例子，以好朋友的角度指导小汪，分享学习方法；协助其制订短期和长期学习计划，并坚持每日督促学习打卡情况；制定班级帮扶制度，由成绩好的同学带动成绩相对较差的同学，共同学习，一同成长。针对晚未归一事，建议其每当因为各种事情回寝室较晚被记录未归时，及时与管理员沟通。同时，外出或周末回家，该请假的时候要严格履行请假手续，把自己该做的且能做好的要做好。

第四，将小汪宿舍的同学召集在一起，了解她们每个人的生活和学习情况，为大家提供一个平和、安静、温馨的场所，让几个女孩子可以敞开心扉、畅所欲言。

（三）结果评价

经过坚持不懈的努力，多次与小汪谈心谈话，小汪最终深刻地认识到了自己的错误，搬回了宿舍，并表示会努力学习，积极进取，争取早日撤销处分。小汪所在宿舍的几个女孩子相处也日渐融洽、和睦，彼此之间的沟通逐渐增多，小汪对自己也有了新的认识，变得积极乐观，逐渐融入了班级生活。

四、案例反思与启示

小汪的事情告诉我们，作为辅导员，尤其是中途接管且又是毕业班的辅导员，不仅要做好常规工作，更有责任、有义务帮助并积极引导学生健康发展和做好人生规划。

（一）纠正偏见，以情感人，实施"四心"教育

对于后进生的教育，一些思想教育工作者认为在他们身上耗费太多时间和精力，是在做无用功，一度将他们视为包袱。却不知这种漠视是加快后进生走向自暴自弃、走向失败的催化剂！这是我们教育工作者最大的失职。教育的本质在于引导人，教师既要尊重学生，也要对学生进行正确的指导。所谓"感人深者莫过于情"，教师最大的过错莫过于对学生没有爱。后进生本就比较敏感、自卑、多疑，他们认为老师、同学瞧不起自己，甚至讨厌自己，他们会因老师的粗暴而消极，因老师的冷漠而受伤！

因此，作为思想教育工作者，要做到用自己的真心、真情与学生交心，从而激发学生的积极性、主动性和创造性。当然，后进生身上确实有许多缺点和毛病，需要我们做大量艰苦细致的工作去正面引导、去教育、去修正。而且，他们的行为常容易出现反复，这就需要我们有足够的耐心，不断反复地做工作，强化教育效果。只要我们拿出真心、爱心、耐心和信心，严在该严处，爱在细微中，他们还是能接受甚至是可改变的。

（二）坚持学校、社会、家庭协同育人模式

对于大学生来说，学校、社会、家庭协同育人具有必要性。学校、社会、

家庭从不同视角、不同时间对大学生产生直接或间接的影响，而三者能发挥什么样的作用、产生什么样的效果又是彼此联动、相互影响的。如果学校教育提供的无论是专业知识、职业技能还是思想观念在社会用不上、不被社会认可，那学校教育的效果就会大打折扣。相反，若学校教育之果，正好是社会现实之所需，社会现实之回应，那就印证了学校教育的重要性，并推动学生进一步重视学校教育，提高学习的自觉性和积极性。学校与家庭对学生的成长成才有千丝万缕的联系。因此，要构建学校、社会、家庭协同育人模式，学校教育、社会教育双管齐下，再辅以适当的家庭教育。前面我们在分析后进生产生的原因时就提到了家庭教育的影响。家庭教育是大环境教育的组成部分之一，是学校教育与社会教育的基础。家庭教育作为终身教育能切实地关系到子女的未来。好的家庭教育培养的子女必定拥有良好的素质，他们不仅能够形成清晰的自我认识，还能不断地对自我进行反思，及时改正自己的错误，思考自己的人生，并在人生道路上画下精彩的符号。对于大多数后进生来说，家庭原因是导致他们逐步走向后进生行列的主要原因，所以有人说，问题孩子的背后是家庭的问题。要开展好后进生的转变工作，学校必然要主动与学生家长建立经常性的联系，甚至对其父母施以一定的积极正向的影响，让家庭教育做出适当的、适时的调整，以使其能更好地为子女创造良好的教育环境和基础，发挥学生家长的作用，使之成为教育工作的助手，这应该说是行之有效的办法。同时，家长与学院间的及时沟通，在一定程度上也有助于克服对学生要求的不一致，从而避免教育中的某些失误。

（三）合理渗透心理健康教育

健康的心理素质，是学生克服学习心理障碍，持续健康学习下去的基本保障。

第一，尊重学生，建立良好的、平等的师生关系。教师要注重服务于全体学生，基于学生成长发展的需要，时刻关注学生自我接纳、自我了解、自我强化的能力，关注学生特殊需要的早期识别，关注学生潜能的发挥。

第二，结合具体教育教学实践，引导学生有针对性地进行心理调控。比如，运用名人名言作为"座右铭"，并时刻提醒自己。通过写日记或者找人倾诉，使自己的情绪得到合理的宣泄，实现心理平衡。

第三，教师要以身作则，以乐观、开朗、正面的言行感染学生。教师身教比言教重要得多，因此，在学生面前要体现健康心态。

二、显性思想政治教育的不足

高校开展显性思想政治教育极大地促进了大学生思想政治素质和道德素质的提升。但是在当前的新形势下,高校思想政治教育面临的环境正不断发生变化,使得传统显性思想政治教育模式的局限性日益凸显。为了进一步提升高校思想政治教育水平,学界加强了对显性思想政治教育局限性的研究,并提出相应的对策思考,以期更好地解决高校思想政治教育的现有问题。

周桂菊、易启洪认为显性思想政治教育存在以下局限性:第一,教育目标预期过高,难以与学生的实际需求相契合,缺乏学生的认同;第二,教育主客体间由于缺乏有效沟通和情感交融,导致无法建立良好的互动关系,使得教育过程缺乏愉悦性;第三,显性教育一般强调立竿见影的效果,效果的持久性差,使得教育效果并不理想。[①]李新灵认为显性思想政治教育方法被动,采用灌输式的教育方法,忽视了学生的认知规律和接受特点,使得教育效果越来越差。[②]

显性思想政治教育作为高校思想政治教育的重要方式,在高校思想政治教育中占据着主导地位。在新的形势下,转变教育观念、创新教育方法,克服显性思想政治教育的局限性,进一步提升高校思想政治教育的实效,已成为当前高校推动思想政治教育发展的焦点之一。

第三节 发挥显性思想政治教育优势的途径

一、转变教育观念

思想决定行动,这是人所共知的常识,在高校思想政治教育过程中,教育者的教育行为也取决于教育者的教育思想。当前,由于各种主客观因素的影响,高校的思想政治教育观念相对滞后,在一定程度上影响了大学生的全面发

[①] 周桂菊、易启洪:《高校显性与隐性思想政治教育有机结合模式研究》,《长沙航空职业技术学院学报》,2020年第20卷第2期,第24页。

[②] 李新灵:《显性教育和隐性教育在高校思想政治教育中的结合》,《科教导刊》,2021年第7期,第86页。

展，不能适应提高国民素质的需要。

传统的课堂、学术会议、主题教育等显性思想政治教育方式是让受教育者获得知识和理论的重要方式。但是，由于当代大学生思维活跃、富有创新意识，容易接受新事物，而这些教育方式对于他们来说较为死板、无活力，没有结合学生的认知特点和发展规律，导致在教育过程中，大多数学生的学习兴致不高、参与度较低，从而使思想政治教育效果不理想。为避免教育资源的浪费，让思想政治教育有直达灵魂的育人效果，就要转变教育观念，让思想政治教育成为灵魂与灵魂的对话、心灵与心灵的碰撞。

如何给显性思想政治教育安上时代的马达使其取得更好的效果？高校应积极将现代技术与显性思想政治教育相结合，转变传统的、理论灌输式的教育模式，以下将介绍几种育人方式。

一是体验式教育。体验式教育是教育者依据教育目标和受教育者的生理和心理特征及个体经历创设相关的情景，让受教育者在实际学习生活中参与、体验、感悟，通过体验内化形成个人的道德意识和思想品质，在体验中积淀自己的感悟。高校教育工作者可以根据课程内容制定一些选题，例如飞夺泸定桥、翻越大雪山、过草地等，通过模拟仿真技术让学生切实体验和感受，从而实现教学目的。

二是情境式教学。情境式教学是指在教学过程中，教育者有目的地引入或创设生动具体的场景，帮助受教育者理解教育内容，使其心理机能得到发展的一种教学方法。情境式教学的核心在于激发受教育者的认知和情感，使其产生共鸣以更好地达到教育效果。高校教育工作者可以根据教学内容选择相关的纪录片、影视剧、小品和话剧等，让学生通过观看和情境再现等方式，了解相关的重要历史事件，加深学生的记忆和理解。

三是参与式教学。参与式教学是以激发受教育者的学习兴趣为前提，以受教育者的主动参与为过程，以提高教育效果的教学方法。"参与"是指个体进入群体的状态，为每个学生提供了一种自主和积极的学习氛围，使每个学生达到知、情、意、行的和谐统一，使其在亲力亲为的认知行动中体验学习、加深认识、提高感悟，从而使学生真正理解教育内容，继而提升学生的认知水平与思想素质。高校教育工作者可以根据教育内容组织学生到烈士陵园、革命纪念馆、博物馆、伟人故居等教育基地参与实践活动，通过聆听讲解员的讲解等让学生从中理解和感悟教育内容。

因此，高校教育工作者要转变教育观念、转换教育思维，通过上述教育方法开展教学，发挥显性思想政治教育的优势，从而更好地实现教育预期效果。

在实践教学中，思想政治教育不仅能在课堂中呈现，还体现在日常的生活之中。例如辅导员、教师等和学生沟通的过程中，也贯穿着思想政治教育的内容。

辅导员对违规违纪学生的教育是开展显性思想政治教育的典型案例，在案例七《重拾信心、拥抱未来——思想问题与解决实际问题相结合》中，辅导员的教育目的很明确，就是对违反校规校纪的学生开展严格的批评教育，但同时又转变教育观念，注意批评教育方式，在帮助其认识到思想问题的同时，又规划帮扶措施，提高其学习能力，将解决思想问题与解决实际问题相结合。

【案例七】

重拾信心、拥抱未来——解决思想问题与解决实际问题相结合[①]

一、案例背景

2018年12月，某大学经济管理学院2018级会计专业的学生孙某在"经管类数学B1"期末考试中，未按考试要求将手机放置在讲台上，私自携带手机入座，并在考试过程中，将试卷偷拍发给考场外协同作弊人员，企图通过非正规途径获得他人的考试答案。该学生在偷拍试卷的过程中被监考老师当场发现。按照该校相关规定，学校拟给予孙某开除学籍处分。

二、案例梗概

该案例属于学生作弊事件，涉及学生的思想政治教育、学风建设、考试诚信等方面内容。一旦作弊被监考老师当场发现并被下达处分决定，学生往往会追悔莫及、情绪低落，如果学生平时就性格内向，往往会在事件发生后产生更严重的自卑心理。辅导员应该本着以生为本的原则，在第一时间对其开展一系列思想教育行动，通过朋友式的引导和教育，帮助孙某调整心态、重拾自信。被学校开除学籍给学生带来的影响无疑是巨大的，辅导员还应该帮助其明确接下来的学习目标，将解决思想问题与解决实际问题结合起来。为此，辅导员做了以下工作。

（一）纠正错误，疏导心理障碍

在作弊事件发生的当天晚上，辅导员接到学工部相关老师的电话，得知该生作弊被当场发现。辅导员第一时间电话联系到学生本人，被告知学生已经在返家的动车上。这说明孙某对作弊一事感到惊慌失措且没有做好正确面对此事

[①] 本案例由西南科技大学袁茂阳提供。

的准备。在不知道该生情绪是否稳定的情况下,辅导员并未对其进行严厉批评,而是采取谈心的方式,对孙某进行了简单的心理疏导,并让其立即返校处理相关事宜。

孙某返校后,辅导员与其进行了一对一面谈,首先着重了解了他对考试作弊这件事的认识,并与其一同分析产生这种问题的根本原因,该生表示主要是由于对"数学不感兴趣、没有好好复习、担心考不好"等,才产生了作弊行为。对于被学校拟给予"开除学籍"处分,该生表示"很后悔,辜负了父母和老师的期望",表示"不想上学了,想回家复读"。谈话中该生情绪略有波动,经短时间的疏导后,该生表示初步接受学校的处分决定,并希望"暂时不要告诉父母"。可以看出,该生很后悔也很害怕。辅导员告诉他,事情已经发生,不能逃避问题,应该以真诚且积极的态度处理后续的事情。

(二)正向引导,重塑信心

在与该生谈话的过程中感受到了学生的自责和懊恼,为防止学生过度自责,情绪状态过度低落,辅导员对其进行了积极引导,与他一同分析了学校的相关政策。同时告诉他如果认错态度端正,可以向学校争取降低处分力度——"劝其退学",并告知该生达成这项行为的途径和可能性。鼓励学生首先要正视自己的错误,积极面对,不要因为退学而产生负面情绪,从哪里跌倒就从哪里爬起来。经过多次的积极引导,该生的情绪状态逐渐好转。此外,根据学校相关规定,给予其主动退学的处分决定,辅导员也第一时间与该生家长沟通了学生的作弊违纪事件。在与家长沟通的过程中,辅导员了解到,家长了解了其作弊事实,也接受学校给予的相关处分。辅导员告诉家长,不要过分责备学生,应给予其更多鼓励。

(三)建档立卡,持续跟踪

从大一入学起,辅导员为每一位来谈过话的学生都建立了跟踪教育档案,不仅能够回溯之前的事件以便为接下来的各种事件应对做参考,还可以根据该生的性格、家庭经济及日常表现制定适宜的教育方法。虽然该生最终的处分决定是劝其主动退学,但是作为辅导员,对该生的思想政治教育却不能停止,后续对该生的跟踪教育都应该记录在案。因该生回家后忙于备战高考,不便多次打扰,辅导员对其进行了两次了解情况的线上谈话,内容涉及学习情况、心理状况等。

该生经过深刻反省,回家后发奋图强,在第二年高考中考取了理想中的大学,这是非常令人欣慰的事。该生没有因为作弊事件而一蹶不振,相反他告诫自己不能抱有侥幸心理,人生的成功只能靠不懈的努力来换取。这也证明,辅导员对该生作弊事件的处理及后续的思想政治教育、心理疏导发挥了作用。辅导员的努力最终帮助学生重燃希望之火，让曾经的挫折转化成为他一生向上的财富。

三、案例分析

案例中的孙某因为考试作弊违纪而受到学校的相关处分，想要对其进行思想政治教育，首先必须找到问题的症结所在，即他为什么作弊。如果想要针对学生作弊这一事件对症下药，找到解决办法，就应该从学生作弊的成因这个角度出发。

（一）当代大学生作弊成因分析

唯物辩证法认为，矛盾是事物变化的原因，内部矛盾是内因，外部矛盾是外因，任何事物的存在和发展变化，都是事物内部矛盾与外部矛盾共同作用的结果。内部矛盾即某一事物自身所包含的诸要素之间的对立统一，是事物自身运动的源泉和动力，是事物发展变化的根据，外部矛盾即某一事物与其他事物间的矛盾，这是事物发展变化的条件，外因通过内因起作用。因此，这部分学生对自己要求不严，易受外部环境的影响，对外界的诱惑抵制力不够，最重要的是缺乏正确的是非观念，对考试作弊抱有侥幸心理。侥幸心理是导致大学生作弊的主要心理因素之一，参与作弊的学生都明白作弊是违反校规校纪，严重者有可能被开除学籍，是严重违纪行为，但他们仍然选择作弊，主要原因是抱有"相信自己会交好运顺利过关""应该不会被抓住"等心态，这种心理就是典型的侥幸心理。

除此之外，虚荣心作祟也是大学生考试作弊行为产生的原因之一。虚荣心太强的学生会选择在考试时通过一些不正当手段来获得更好的成绩，而产生作弊行为。按照常理来说，每个进入大学的学生都想获取好成绩，得到老师的表扬，获得评优、评奖、评先进的机会。参与作弊的学生中有相当一部分人成绩并不是很差，但却希望通过考试作弊将自己的成绩再提升一个台阶，这样就可以轻而易举地取得更好成绩，获取更多评优、评奖的机会。

引起大学生考试作弊病态心理的第三个因素就是从众心理。从众心理指个人受到外界人群行为的影响，而在自己的知觉、判断、认识上表现出符合于公众舆论或多数人的行为方式。有学者曾经就从众心理给人带来的影响做了相关实验，结果显示，在被测试人中，能保持自身独立性、没有或很少被从众行为影响的人占比只有四分之一到三分之一，由此可见，从众心理会对大多数人产生影响。近几年来，随着新媒体技术的快速发展，高校学生获取信息的渠道更多也更便捷，当得知一些同学因为作弊取得了好成绩而不用承担任何后果时，有些人慢慢地就控制不住自己，并且开始模仿他人的作弊行为，以期不劳而获。

大学生考试作弊心理形成的第四个原因是同情心理，即内心中对弱者的怜悯之心。当前高校因为同情心理实施作弊行为的情况不少，例如替考和交换试卷，究其原因，大多是因为成绩较好的同学出于对成绩较差的同学的同情，希望在自己力所能及范围内帮助他们通过考试。相关调查显示，因为同情心而产生作弊行为的情况占所有考试作弊行为的 20% 左右，其所占比例不得不让教育者深思。

（二）思想政治教育应对大学生考试作弊行为的对策思考

如何遏制考试作弊现象的蔓延，做到内外兼治，建立和完善有效的考试作弊防范系统，是教育部门和思想政治工作者应该认真思考和研究的问题。

第一，加强思想政治教育。学生作弊事件不是偶发事件，现已成为高校学生教育管理中不可忽视的一个问题。根源在于学生自身并没有重视考试诚信，虚荣心重，侥幸心理强，凡事不考虑后果。

大学生正处在个性发展的重要阶段，具有较强的可塑性，适时地开展教育和引导可以帮助学生形成良好的道德品质与健全的人格。对作弊违纪学生的跟踪教育是遵循学生成长规律、遵循思想政治工作规律的重要要求，辅导员要充分认识到对作弊学生跟踪教育的重要意义，纪律处分不是目的，也不是最终解决问题的方式，而是新的思想教育阶段的开始。

第二，加强学风建设。学生考试作弊，不仅涉及学校的考风问题，还涉及学校的学风问题，良好的学习氛围会在一定程度上减少作弊事件，但良好的学习氛围不是一朝一夕营造出来的，而是需要我们长期坚持不懈的努力。作为高校辅导员，应该在学生的日常管理中加大对学风的监督和建设力度。首先应该做到"严格"。例如课堂纪律虽然是任课老师的责任，但辅导员也可以做一些辅助工作，严抓考勤，时常督促，针对经常缺课的学生更应该深入沟通和加强教育引导。其次应该做到"思考"。多多思考如何在课堂之余提高学生对学习的兴趣，可以举办竞赛或新颖的学风建设活动，激发学生学习的热情。最后是要"团结"。学风建设不是一个同学、一个班级、一个老师的责任，而是整个学院、整个学校共同的责任，团结广大师生做好学风建设，有利于在学校形成良好的学习氛围，使学风建设深刻入脑、入心。

第三，规范管理人员的工作职责和要求。考试作弊虽然是学生的主观行为，但与监考老师的态度也密切相关。部分监考老师在对学生随身物品的检查上不严格，学生很容易把作弊工具带进考场。有的监考老师在监考时开小差、做其他事,心软的老师对学生的一些小动作也是睁一只眼闭一只眼,发现有作弊嫌疑却没有及时制止,有作弊现象也没有进行处理。所以,从学校层面应该对考试违纪等一些细节和处理尺度做统一规范。总之,作为在考试中代表监督和公正的监考老师,应该恪尽职守,严格执行考试纪律和规则,对作弊学生一视同仁,对规则的尊重也就是公平的体现,这样考试违纪的风气应该会有改善。

二、建设优良师资队伍

一是加强师德师风建设。"教师承担着传播知识、传播思想、传播真理的历史使命,肩负着塑造灵魂、塑造生命、塑造人的时代重任,是教育发展的第一资源,是国家富强、民族振兴、人民幸福的重要基石。"[1] 郑晓东、肖军霞认为"高校师德师风培育总体上仍处于一种外在强制的他律状态,没有内化成教师个人意志,一些教师对教师职业规范的内涵,对师德师风建设的重要性缺乏正确认识,缺乏内省自律"[2]。因此,提高高校教师的思想道德素质和加强师风建设刻不容缓,它直接影响着学生思想道德素质的形成和发展。要不断加强高校教师思想素质教育,大力倡导科学的世界观、人生观、价值观,大力弘扬正气、坚持真理。高校在考核和聘任教师时,应将教师的师德师风放在首位并采取"一票否决制",促使广大教师主动且努力提高职业道德水平,进而带动学生形成良好的道德品质,从而推动整个社会良好的道德风尚的形成。

二是提高科研和教学能力。在关注高校教师队伍整体素质与水平提升的同时,还要努力形成有利于高校教师中杰出人才脱颖而出的培育体制,在高校师资队伍中加快选拔、培养、造就一批德才兼备、引领作用突出、创新实力强劲的学术带头人和教学领军人才。教师的科研能力和教学能力,影响着学生对思想政治理论课兴趣的高低和思政教学实效的好坏。自改革开放以来,高校教师的整体素质有着显著的提高,但当前仍有相当一部分教师存在理论素质较低、科研能力较差的问题,还需要教师夯实自身的理论功底,形成严谨的教风。一方面可通过博览群书、参加论坛、社会实践、专业知识培训等方式来获取理论知识,另一方面则可以通过学术研究来提高自身的理论素养和教学水平。因

---

[1] 《关于全面深化新时代教师队伍建设改革的意见》,http://www.gov.cn/xinwen/2018-01/31/content_5262659.htm。

[2] 郑晓东、肖军霞:《新形势下高校师德师风建设的时代价值与实践路径》,《思想理论教育导刊》,2019年第8期,第148页。

此，高校应把提高教师的科研能力放在重要位置，通过建立激励机制，鼓励教师挤时间投入科研，同时要引导教师发挥自身专长，深入某领域研究，力争在学术上占有一席之地。

三是立足培养和择优引进思想政治教育专职人员。目前，高校中担任辅导员的大多是毕业不久的年轻教师，签约服务期一般为两年到三年，期满就转岗，也有不少人因工作能力突出而被一些职能部门抽调。由于辅导员队伍的不稳定，就需要高校加强辅导员队伍建设，从数量和质量上建立长效机制。另外，高校思想政治理论课教师的数量和质量直接影响着思想政治理论课的教学效果和学生的积极性、主动性。所以，高校应采取培养和引进的方式，提高思想政治理论课教师的数量和质量，建立一支高素质、高水平的思想政治理论课的教师队伍。立足培养目标，对现有的思想政治理论课教师制订有计划、有重点的培养方案。根据高校实际情况择优引进，制定安家费、科研启动费等系列优惠政策，从而引进一批高职称、高学历、高水平的思想政治理论课教师，同时还要注重对引进人员的培养和使用，采取感情留人、事业留人、待遇留人等措施，充分发挥他们在思想政治理论课建设方面的价值与作用。

三、加强思想政治理论课教学组织建设

（一）完善制度体系

思想政治理论课的接续发展和人才的接续培养都对教师队伍的职业化、专业化提出了更高的要求，也需要在制度层面形成各学段思想政治理论课教师准入、评聘、评价、考核等方面的可行标准。制度建设实质上是为思想政治理论课教师创造良好的教学条件，调动教师的积极性。在教学、科研方面，从学校实际情况出发，在遵循教学和科研规律的前提下，制定既符合实际又能产生高效率的制度。康沛竹、艾四林认为，"教师积极性的发挥，往往受到评价奖励体系的影响。利用好评价奖励体系这个'指挥棒'，就能发挥评价奖励的激励作用，激发教师的积极性"[①]。例如，对按时完成本学年科研任务和达到相应教学质量的教师应提供奖励，而对未完成两项任务的教师应采取处罚等。课程建设方面，思想政治教育是一门全体学生必修的公共课，因此引导学生正确处

---

① 康沛竹、艾四林：《建设高素质思政课教师队伍》，《中国高校社会科学》，2019年第3期，第18页。

理公共课教学与自己学科、专业发展的关系是一项重要工作,既要保证思想政治理论课教学顺利开展,又要保证学生能全面系统、持续有效地接受思想政治理论课教育,那么就要在师资安排、资源配置、职称评定等方面有明确的制度规范,通过有效的制度保证思想政治教育理论课的建设和发展。

(二)加强组织建设

"实践证明,提高教师育德能力和育德意识,有助于改变专业教师'只教书不育德'、思想政治教育教师'单兵作战'的现象,从而使思想政治教育从专人转向人人。"[①] 大力加强课程思政建设,明确激励措施,使课程思政与思政课程同向同行,从而收到更好的育人效果。同时应进一步完善思想政治理论课教师的进修培训制度,按照突出重点、分类培养、按需培训、在职与脱产相结合的原则,安排教师到国内著名大学脱产进修、做访问学者,争取让教师至少每两年有一次外出进修的机会。高校应围绕思想政治理论课教学,按照"八个统一",不断推进思想政治理论课改革创新,探索多种教学方式方法丰富思想政治理论课教学。同时,要不断完善考核激励机制,营造宽松舒适的教学环境,调动思想政治理论课教学成员的积极性和主动性。

(三)建立保障机制

多渠道增加思想政治理论课实践教学的经费投入。落实实践教学经费,是加强高校实践育人工作的根本保障和基本前提。高校在注重理论课教学的同时还应该开展实践课教学,建立健全思想政治教育实践课保障机制。比如,通过经费保障的支持,充分挖掘校内资源,打造文化传承与传播的各种艺术教育平台,实现以美育人的效果。案例八《传承红色基因:利用红色资源教育引领学生坚定理想信念的探索》就是通过联系社会资源共同建立思想政治理论课的实践教学基地,定期组织学生通过参观学习、聆听讲解、情景体验、现场教学等方式,从而促进学生进一步学习和感悟红色精神,传承红色基因,赓续红色血脉,努力成长为担当民族复兴大任的时代新人。

---

① 杨涵:《从"思政课程"到"课程思政"——论上海高校思想政治理论课改革的切入点》,《扬州大学学报(高教研究版)》,2018年第22卷第2期,第102页。

【案例八】

传承红色基因：利用红色资源教育引领学生坚定理想信念的探索①

一、案例背景

红色资源是中国共产党领导全国各族人民在革命、建设和改革中所形成的精神财富与独特载体，是社会主义核心价值体系的精神源泉。红色资源是坚定理想信念、加强党性修养的生动教材，利用红色资源积极开展各类实践活动，对坚定大学生的理想信念是一种有效而又易于被学生接受的形式。

二、案例概述

某校马克思主义学院承担了全校全日制本专科生、研究生的思想政治理论课教学任务，开设的本科专业是思想政治教育专业。学院非常注重思想政治工作与专业学习的结合，采取理论学习与实践相结合的教学模式，依托学校所在地特有的红色教育资源，同时辐射到川内外的各类红色资源，通过精心设计、组织一系列实践教育活动，提高大学生的思想政治素质，厚植爱国情怀，培养高尚情操，坚定理想信念，增强"四个自信"。学院开设的思想政治教育专业通过支部、社团、班级或学院的"1+1+1+1"团队，利用周末或寒暑假，进行"重拾红色记忆，重走新的长征""缅怀革命先烈，弘扬革命传统""思想锤炼，改革前沿寻访""铭记先烈，红色足迹寻访团"多种主题的红色资源探访活动，先后参观走访绵阳的两弹城、北川地震遗址、泸定桥纪念碑、红军烈士纪念碑、摩西红军长征纪念馆、陈毅故里、自贡市盐业历史博物馆、赵一曼纪念馆、李庄抗战文化馆、张澜纪念馆、罗瑞卿故居、邓小平故里、黄继光纪念馆等，通过探讨这些红色资源而开展的社会实践活动，使学生情感得到深化、认知得到提升，进一步加强了爱国主义精神，坚定了学生的理想信念。下列是一些红色资源探访活动形式。

（一）参观考察

组织学生到革命遗址、博物馆、纪念园（馆）参观考察，通过让学生观看、听讲解员讲述，设身处地感受历史，对他们进行爱国主义教育、民族精神教育和革命传统教育，加深他们对中国特色社会主义的认识，进一步坚定理想信念。

如参观考察石棉县中国工农红军强渡大渡河遗址，一张张珍贵的历史图

---

① 本案例由西南科技大学程晓娟提供。

片、一幅幅生动的绘画作品、一尊尊栩栩如生的雕塑、一份份真实的文献资料,将学生带回到那艰苦卓绝、抛头颅洒热血的峥嵘岁月,感受革命前辈的英雄事迹和"不怕牺牲、前赴后继、勇往直前、坚韧不拔、众志成城、团结互助、百折不挠"的长征精神。

在邓稼先故居和"三防"教育基地,通过讲解员生动详细的解说,学生了解了新中国研制原子弹、氢弹的艰辛历程,了解了钱学森、邓稼先、郭永怀等科学家的生平经历,受到了一次深刻的爱国主义教育,更加铭记"两弹一星"精神——热爱祖国、无私奉献,自力更生、艰苦奋斗,大力协同、勇于攀登。同时,对老一辈科学家艰苦奋斗、无私奉献的大无畏精神产生了时代共鸣,也对祖国取得的举世瞩目的成就有了更加全面而深入的了解,极大提高了学生的爱国热情和学习激情。

学生表示通过参观学习,他们对中国近代革命历史的理解更加全面、更加透彻,对先烈们爱国情怀的认识也更加深刻,同时表示会坚持发扬民族精神,坚定振兴中华民族的理想与信念。

(二)现场教学

在参观考察过程中,邀请专业教师开展现场教学,教师围绕设定的主题对历史事件和人物进行深刻解读,缅怀历史、缅怀先烈,以故事感动灵魂、以历史触动思想,结合历史和现实,将所参观考察的红色资源所涉及的事件、蕴含的价值,讲通讲透,启发学生思考,激发学生向革命先辈学习的热情。如在中国工农红军强渡大渡河纪念馆,侧重讲述了中国工农红军长征的原因、经过,深刻剖析了长征胜利的原因和伟大意义,指出实现"两个一百年"奋斗目标,必须从弘扬长征精神中汲取奋斗力量。这些讲解让学生对长征精神有了更深刻的感悟,激励他们以习近平新时代中国特色社会主义思想为指导,不忘初心、牢记使命,弘扬长征精神,走好今天的长征路。

(三)座谈交流

在参观考察过程中,除了观看、听讲解,还搭建座谈交流平台让师生分享了各自的感悟。有学生看到许多革命烈士为了共同的革命理想,为了千千万万的劳苦大众,为了人民的幸福,愿把牢底坐穿,他们的英勇事迹和不屈的革命精神永远值得我们铭记和学习。有学生提到《红岩魂》里相当一部分入狱的共产党员都是由于叛徒的出卖而被捕的,警示我们要加强自身的修养,从自己做起,严守党的纪律,保守党的秘密,永不叛党。还有学生表示现在的生活来之不易,必须加倍珍惜,要深刻领会"吃水不忘挖井人"的古训,注重自身传统道德的培养。学生通过梳理而提高了认识水平,同时,还进一步认识到在今后的学习和工作中要继承革命先烈精神，弘扬和践行革命传统，进一步增强党性修养、坚定理想信念，为中国特色社会主义建设贡献自己的力量。

（四）现场教育活动

每次参观考察，提前组织学生查阅、了解将要参观考察的红色资源的基本情况，根据参观考察的对象确定现场教育活动的方式，或重温入党誓词，或朗诵、合唱、演话剧，用艺术形式缅怀革命先烈。同时，用这种饱含情感、参与性强、情景交融的现场教育方式，增强学生的现场观感，形成思想共鸣，激发青春热血，进一步激发学生向先辈学习的决心、信心、爱国心和报国志。在赵一曼纪念馆，同学们深情诵读了赵一曼写给孩子宁儿的最后一封家书，并热情洋溢地朗诵了艾青的诗歌——《光的赞歌》。活动结束后，大家感慨万千，纷纷表示要珍惜来之不易的幸福生活，为实现中华民族的伟大复兴而努力奋斗。

（五）专题讲座

除了组织学生走出去看，探访红色资源，同时，学院也会邀请专家到学校进行专题讲座。为了了解三线精神和弘扬三线精神，邀请东工集团原副总工程师、四川三线企业湔江农机厂建设者潘祥鸭讲述三线历史，弘扬三线精神。潘祥鸭先生结合自身经历与人生阅历对三线精神做了诠释：三线精神就是一种艰苦创业、勇于创新、精益求精、爱国奉献的精神。同时，潘祥鸭先生用自身三线建设经历和丰富的人生阅历向学生诠释了精神在一个人的人生中，在一个民族的发展中的重要意义。真实的人、真实的事，让学生在传奇人物的传奇人生中领悟到三线精神，让三线精神在新的历史时期重新焕发出崭新的生命力。

（六）实践创作

教育的核心和归宿在于"人的培养"，利用红色资源积极开展实践活动，把"活"的生活与"静"的知识进行互鉴，在实践体验的基础上，开展交流研讨，积极利用各种渠道，将学生在探访过程中的认识与收获总结形成实践成果并固化下来，进一步提炼和升华红色资源的文化内涵，使大学生理想信念教育走向自觉和创新。实践成果可以分为以下四类：文艺类作品，如微电影、记录片、文艺汇演、摄影作品等；宣讲类作品，如主题演讲等；科技类作品，如调查报告、访谈录、研究论文等；心得类作品，如个人总结、观后感、心得体会等。这些成果采取点面结合的方式对学生做出要求，每次参观考察前中后期进行，积极组织学生参加校内外举行的大学生微电影、演讲比赛等，或者组织学生创办红色歌曲、舞蹈、话剧、影视作品，进一步研发具有理想信念教育意义的特色红色文化产品。

三、案例分析

红色资源凝聚着无数革命先烈对理想信念、不懈追求的奋斗精神,具有强烈的感染力、说服力、震撼力,能够起到震撼人心的教育作用,为开展理想信念教育提供了优质的教育素材、丰富的物质载体和深刻的理论养分,是开展大学生理想信念教育的重要资源。

(一)内化于心,外化于行

通过参加社会实践,对红色资源价值产生认同感,将红色资源的精神内涵内化为学生的价值观念,并外化为其实际行动。例如组织学生参观红色景点,重走红军长征路,切身感受当年的艰苦环境,从而深化对革命精神的认同。在井冈山革命博物馆,师生通过导游讲解、观看图片及声像、实物及说明,重温了中国第一个农村革命根据地——井冈山革命根据地创建的艰难历程,依稀看见毛泽东同志在八角楼拨亮油灯、奋笔疾书的身影,依稀看见朱德同志在崎岖的小道上带领乡亲们挑粮上山的背影;在井冈山黄洋界哨口,师生心潮澎湃,遥想当年黄洋界保卫战红军战士的英勇与豪迈,朗诵毛泽东同志著名的《西江月·井冈山》。革命先烈坚定的理想信念,艰苦奋斗的精神,密切联系群众、依靠群众的优良作风,立足革命实际、创建"农村包围城市"革命道路的那种"一切从实际出发实事求是"的工作方法及革命先烈英勇战斗、不怕牺牲的英雄气概,无不在师生心中激荡。学生纷纷表示,在新的历史条件下,将进一步加强思想修养,坚定理想信念,努力学习提高本领,接过先辈的旗帜,使革命的精神薪火相传、生生不息。

(二)红色教育,引航前行

用红色资源激励学生学习历史,让他们明白当前的美好生活来之不易,更能鼓励他们创建美好未来,指引他们树立正确的价值观。四川是红军长征历时最久、行程最长、活动区域最广、发生重要事件最多的省份,除了爬雪山、过草地、强渡大渡河、飞夺泸定桥等经典战例和革命奇迹,还包括中坝红军胜利纪念碑、侯伯英烈士纪念馆、江油红军文物陈列馆、北川红四方面军总医院旧址、红军长征纪念馆、红军碑林、绵阳红军纪念碑等纪念场所,这些都是理想信念教育鲜活而生动的教材。组织学生考察探访,充分利用这些红色资源进行中国革命传统教育、近现代史教育,开展使命担当等教育,引导学生树立正确的人生观、价值观、世界观,从而实现对学生进行理想教育的目的。

(三)拓宽渠道,增强实效

积极利用红色资源,拓宽大学生理想信念教育的途径,增强教育效果。传统的理想教育往往采用单一、枯燥的说教方式,受教育者被动接受教育内容,因而很难达到预期的教育效果。红色资源独特的历史印证价值、文化传承价值、教育育人价值，充实了思想政治教育内容，对于提升思想政治教育的感染力和说服力，助力大学生道德素质提升、情感升华、陶冶思想、约束规范行为，具有极大的意义。在坚持传统的理想教育背景下，开展内容丰富、具有吸引力的实践教育活动，不定期地组织大学生走进红色教育基地，将教材中的理论、事件、人物与一个个古迹、一个个遗址、一段段金戈铁马的岁月衔接在一起，让学生亲身感受实际存在的红色资源的教育意义，亲耳聆听革命先烈为实现民族解放的丰功伟绩，切身感受道德模范舍己为人的感人故事，在社会实践中去感受红色资源本身所蕴含的精神内涵和教育价值。引导大学生在实践活动中领悟红色精神实质，以轻松愉快的方式让红色资源蕴含的价值在大学生心灵深处生根发芽，并从内心激发起他们的民族使命感、责任感及强烈的兴趣和求知欲。以实践活动的形式开展教育不仅拓宽了教育渠道，也使受教育者更易于接受，从而增强教育的实效性。

（四）注重结合，提升质量

加强课堂理论教学与课外实践活动两个课堂的结合，利用高校思想政治课堂理论教育提升红色资源的感染力和说服力。脱离了历史的厚度和理论的高度，红色资源可能就是安静、寂寥的，而历史与理论的融入与指导更能挖掘和彰显红色文化资源的精神内核。红色资源本身具有的生动活泼、形象有趣的特点，使厚重的历史和深刻的理论灵动起来，把革命旧址遗迹转化为现场课堂，开展革命历史文献经典阅读与交流活动，组织同学倾听、观看老革命口述史，传唱革命文艺，情景体验历史事件等活动，增强思想政治教育的生动性、感染力，使之更加具有时代性，从而有效传承革命精神，把继承党的优良传统与弘扬时代精神、改革开放和现代化建设的实践结合起来，有助于凝聚大学生的民族力量、引导大学生的政治导向、增进大学生的民族情感、坚定大学生的理想信念。

第四章 润物无声：坚持隐性教育拓展大学生思想政治教育领域

隐性教育是大学生思想政治教育主动适应变化、因势而导、顺势而为的重要体现，应发挥隐性教育在思想政治教育过程中的重要作用，突出思想政治教育中隐性教育的作用。教育者要做到动之以情、晓之以理，以"随风潜入夜"的方式实现"润物细无声"的育人效果，使大学生在不知不觉中接受思想政治教育，引导大学生树立正确的价值观。

第一节 隐性思想政治教育的内涵与特点

一、隐性思想政治教育的内涵

通过前文对隐性教育的论述可以得出，隐性思想政治教育是指在思想政治工作开展过程中，教育者充分利用各种隐性思想政治教育资源和载体，把教育目的和教育内容通过隐蔽的形式，渗透到受教育者生活的方方面面，使受教育者在潜移默化中、无意识中接受教育的社会实践活动。在实践过程中，隐性思想政治教育主要运用渗透法、模仿法、暗示法等方法，通过环境渗透、艺术熏陶、文化渲染、榜样感染等方式，以文化、制度、管理、环境、活动、社会实践、网络媒体等为载体，对受教育者进行润物无声的教育。作为思想政治教育的重要方式之一，相对显性思想政治教育，隐性思想政治教育克服了受教育者的意识障碍，更易被受教育者接受，从而提升思想政治教育的效果。因此，隐性思想政治教育在高校中被广泛使用。

二、隐性思想政治教育的特点

随着对隐性思想政治教育的日益重视，学界对隐性思想政治教育特点的研究也有了更为丰硕的成果，章波、张翮将隐性思想政治教育的特征归结为三个方面：教育方式的隐蔽性是首要特征、教育效果的延迟性是鲜明特征、教育过程的开放性是基本特征。① 王海云认为隐性思想政治教育不再局限于固定的教学时间和地点且教学方式隐蔽，教育主体和教育客体处于平等地位可以有效提升思想政治教育的效果。② 卿云认为隐性思想政治教育首先是一种"慢性"教育，对学生的熏陶和浸润都是"慢工夫"；其次，隐性思想政治教育是一种"柔性"教育，更多体现了春风化雨般的寓教于境、寓教于情和寓教于乐，没有分数、等次考核；最后，隐性思想政治教育是一种"暗性"教育，在整个教育过程中，其教育目的、任务、内容等都暗藏不露，是一种不露痕迹、育人于无形的教育方法。③ 王思源认为隐性思想政治教育具有教育目的隐蔽性、教育内容渗透性、教育形式多样性、教育时空开放性等特点。教育目的的隐蔽性是隐性思想政治教育的首要特征，是区别于显性思想政治教育的显著标志。④

通过以上学者对隐性思想政治教育特点的论述，结合高校隐性思想政治教育实际，可以将隐性思想政治教育特点总结为以下几点：一是方法上，具有教育目的和过程的隐蔽性；二是内容上，具有教育内容的渗透性；三是形式上，具有教育形式的多样性；四是空间上，具有教育时空的开放性；五是主体上，具有教育主体的自主性；六是效果上，具有教育效果的持久性；七是载体上，具有教育载体的多样性。其中，教育形式多样性是隐性思想政治教育的重要特征。相对于显性思想政治教育，隐性思想政治教育的载体更加多样，教育形式也更易被学生接受。在日常学习生活中，高校工作者可通过多种方式开展隐性思想政治教育。

案例九《资助育人：高校思想政治教育的特殊形式》就是对特殊学生群体

---

① 章波，张翮：《新形势下高校思政教育中显性教育与隐性教育相融合实践探究》，《湖北第二师范学院学报》，2019 年第 36 卷第 6 期，第 36 页。
② 王海云：《高校隐性思想政治教育的困境与策略构建》，《太原城市职业技术学院学报》，2019 年第 3 期，第 76 页。
③ 卿云：《高校思想政治教育的显性与隐性协同育人机制探析》，《贵州广播电视大学学报》，2019 年第 27 卷第 4 期，第 43 页。
④ 王思源：《基于高校辅导员视角下的隐性思想政治教育研究》，《四川职业技术学院学报》，2020 年第 30 卷第 5 期，第 96 页。

比如家庭经济困难学生开展隐性思想政治教育的典型案例。相对面向大众的显性思想政治教育，隐性思想政治教育更加灵活有效，在尊重差异的基础上，因材施教，对受教育者采取有针对性的教育，地位的平等也使受教育者更易接受，体现了思想政治教育要"因事而化、因时而进、因势而新"的时代要求。高校辅导员在开展思想政治教育的过程中，也要坚持具体问题具体分析，遵循尊重差异性、贯彻渗透性和有意性等原则，积极采取隐性思想政治教育，更好地实现高校"三全育人"的目标。

【案例九】

资助育人：高校思想政治教育的特殊形式[①]

一、案例背景

小A系某大学某学院大二学生，辅导员在其入校后的家庭经济情况调查中发现小A从小就是一名留守儿童，跟随爷爷在农村生活，父母长期在外务工、收入微薄，故该生被认定为家庭经济困难学生，辅导员为其申请了助学金，以缓解其经济压力。在其之后的学习生活中，辅导员通过对该生的观察与沟通发现该生性格较为敏感、自卑，不愿与其他同学交流沟通。在学习上，由于父母对该生给予了很高的期待，经常在与该生的交流中表达在外务工的辛苦以及他们所做的一切都是为了小A能成才。同时，小A来自农村，英语基础较为薄弱，因而小A在学习上承受着很大的压力。近日，辅导员发现小A情绪较低落，厌学倾向明显，在与小A进行谈话得知，由于小A的爷爷突发脑出血住院，目前生活不能自理，加上自己英语四级考试未通过，小A便萌生了退学的想法。

二、案例梗概

（一）问题的关键点

高校中家庭经济困难学生的问题是高等教育改革发展中需要不断解决的重要问题，这关系到学生的前途与家庭及社会的稳定。这部分学生随着高校招生规模的不断扩大，总数也逐年提高，因而家庭经济困难学生的各项问题始终是辅导员工作中的一个重要环节。同时，随着社会思想文化的多元发展，家庭经济困难学生所面临的问题也不再只是单一的经济问题。正如此案例中的小A，围绕在他身上的问题，具体分析为以下几点：第一，因家庭经济困难造成小A

---

① 本案例由西南科技大学唐玥提供。

的自卑、敏感等问题；第二，父母在其很小的时候便在外务工，家庭成员长期缺乏沟通的亲子问题；第三，因基础较差及家庭期待对小A造成的学业焦虑；第四，因家庭突发重大变故造成的心理危机。多种问题交织在一起，使小A萌生了退学的想法。

（二）解决思路和实施办法

第一，定期跟踪。辅导员针对家庭经济困难的学生，尤其是成长环境特殊的家庭经济困难学生，应建立一人一册，定期跟踪，及时掌握学生的相关情况。如本案例中的小A，辅导员在其大一入学时，通过家庭经济情况调查表和入学登记表等了解其家庭构成情况及经济情况，知晓了小A曾是一名留守儿童后，对其建立了个人档案。同时通过定期交流了解其经济和心理情况，随时了解其动向。

第二，及时沟通。在辅导员发现了小A明显存在情绪低落和厌学倾向时，便第一时间与其沟通，通过谈话了解到小A萌生退学想法的直接原因是从小陪伴小A长大的爷爷突发重病无人照料以及自己学业不佳的双重打击，让小A觉得继续学习也无法成才，有愧于父母的期待，不如退学回家照顾爷爷。辅导员了解原因后，深入挖掘背后原因，及时安抚小A的情绪，并为其制订了计划。

第三，对症施策。在了解到小A的家庭变故后，辅导员第一时间联系了其父母，了解到他的父母已经回到家乡，陪伴爷爷的后续治疗。辅导员在持续关注其家庭情况的同时，也针对小A的情况对症施策。其一，针对其家庭突发变故所带来的经济困难。辅导员及时为小A申请了临时困难补助，并召集家庭经济困难认定小组进行民主会议，商定在春季上调小A的困难等级。其二，针对其学业压力，辅导员通过谈话缓解了小A的部分压力。小A来自农村，本来他的英语基础就较为薄弱，但只要保持良好的学习习惯，树立信心，一定能迎头赶上。辅导员在年级中开展了学习互助计划，一对一结成互助小组，制订学习计划，取长补短、互相督促、相互激励、共同进步。辅导员在多次关注其家庭情况期间，与小A父母建立了彼此的信任感。辅导员在与其父母沟通中表达了希望小A父母能对小A多加关心，同时希望他们在与小A沟通的时候注意表达方式，不要额外增加小A在学习上的心理压力。其三，针对其性格问题。辅导员鼓励小A加入一些集体活动或社团协会，加强与同学的交流沟通，找到对集体的归属感，提升自己的综合能力。同时，辅导员为小A介绍了勤工助学岗位，虽然不能完全改善其家庭经济情况，但希望小A在勤工助学的过程中，通过劳动获得一定的经济报酬，缓解经济困难。

第四,持续关注。在有针对性地开展了相关工作后,小 A 已经决定不再退学。小 A 明白了安心在校学习,才是对爷爷和父母最好的回报,这也是改变个人和家庭命运的最终途径。而小 A 的父母也加强了与小 A 的沟通,使得亲子关系有所改善。在互助计划的帮助下,小 A 通过了英语四级,学习成绩有了显著提升,有望申请国家励志奖学金。辅导员对小 A 的情况进行了持续关注。

(三)经验和启示

第一,将助困与育人相结合。扶贫先扶智,在国家对大学生资助政策的指导下,家庭经济困难学生的经济帮扶力度在逐年提升,但辅导员在其他方面的问题仍需加大关注,因此,我们把资助育人与思想教育相结合,对家庭经济困难的学生建立一人一册,定期跟踪,及时反馈。

第二,开展家庭、学校双向互动的协同育人。家庭教育对学生的健康成长具有重要的作用。家庭经济困难的学生大多来自边远落后的地区,父母文化程度较低,思想观念较为保守落后,深受望子成龙思想影响,缺乏与孩子的有效沟通,在不同程度上阻碍了孩子的健康发展。

第三,搭建自助-互助一体化平台。家庭经济困难学生的问题不能单纯依靠解决经济问题,还要消除其心理问题,更要通过思想教育和价值引领提升家庭经济困难学生的心理调适能力,帮助他们加强对自我的认同与接纳。通过朋辈互助,提高与人沟通的能力,提升学业,健全人格,完善自我。

三、案例反思

辅导员是开展大学生思想政治教育的骨干力量,是高校学生日常思想政治教育和管理工作的组织者、实施者、指导者。由于高校家庭经济困难学生群体的特殊性和广泛性,家庭经济困难学生的日常教育管理工作就成为辅导员工作的重要部分。可以说,辅导员是决定高校家庭经济困难学生资助工作成效的重要人员。因此辅导员在工作中要不断反思总结,要善于运用隐性思想政治教育方法,提升高校家庭经济困难学生思想政治教育的针对性和实效性。

(一)以小见大,将个体教育与集体教育相统一

家庭经济困难学生所遇到的问题同样如此,有的家庭经济困难是因为特殊的家庭结构,有的是因为突发重大家庭变故,有的则是因为地处落后地区,有的是因为家族成员长期的疾病困扰等,因此家庭经济困难学生的问题决不能一刀切地认定为经济问题。每个案例都会反映出不同的问题,因此,辅导员在对学生进行一对一帮扶时要有针对性地开展有效的个体教育,结合每个学生的成长环境对症下药、因材施策,点对点地进行疏导工作。作为思想政治教育的骨

干力量，辅导员必须要有敏锐的问题意识和分析问题、解决问题的能力，要能够透过某些学生的个体现象看到某一类学生的群体问题，并把对学生的思想政治教育引导工作安排在日常工作中。想要将广泛的个体教育运用到群体教育中，就要学会整合问题，善于透过现象紧抓问题本质。同时，要用好隐性思想政治教育方法，以学生喜闻乐见的方式开展好日常性、普遍性的思想政治教育工作。诸如家庭经济困难学生反映出的学习、人际交往等复杂问题，其核心就是心理和思想的教育问题，这表明在心理教育和思想教育方面，高校辅导员需要挖掘更加有效的群体教育方法。辅导员要摆脱传统的依靠课堂、讲座、报告会等单向性的说教形式，应依据学生特点，从学生的实际需求出发，积极开展诸如校园活动、主题晚会、社会实践、学习讨论等学生参与度强、实践性强的活动，并将理想教育与素质教育渗透其中，帮助学生树立正确的人生观、世界观、价值观，使其形成自律、自强的品格，促进学生全面发展。

（二）加强育人导向，提高思想认识，突出价值引领

高校中一部分家庭经济困难的学生可能会选择通过兼职获取额外收入，以缓解家庭的经济压力，但又因自身原因或者其他外部因素的制约，使得他们没有足够的时间和精力做兼职。同时，由于缺乏就业技能、待人接物等方面的经验，导致他们产生焦虑、逃避等心理问题，学习的态度也会变得消极，容易产生厌学倾向等。因而，加强和改进家庭经济困难学生的思想政治教育迫在眉睫。辅导员的教育工作应始终坚持育人导向，突出价值引领，要有针对性地对家庭经济困难学生进行帮扶，要将理想信念教育、价值理念教育与资助育人进行有机结合。首先，要利用班会、集体活动等把宏观的理想信念教育融入学生日常学习生活的方方面面，引导学生从环境中汲取正能量、树立崇高的理想信念、培养积极向上的精神状态、养成努力奋斗的优良作风。其次，要加强运用网络载体，将思想政治教育目的和学生的成长特点与新媒体相结合，建设集思想、知识、娱乐于一体的主题教育网站、微信公众号、视频软件等，举办各种网络文化建设活动。与传统的教育载体相比，新媒体的运用消除了教师与学生之间的隔阂，学生拥有了网络教育信息的主动选择权。引导更多家庭经济困难的学生主动依靠网络获取精神食粮，是辅导员开展网络思政教育的目的之一。这就要求将辅导员建成政治强、业务精、作风硬的网络工作队伍，结合当代大学生关注的热点，以视频、音频、讨论的形式渗透理想信念，不断拓展家庭经济困难学生的思想政治教育渠道。

（三）加强心理健康教育，完善工作机制，培育自强性格

在某种程度上，心理健康教育与思想政治教育是相辅相成、相互促进的。

良好的心理素质是帮助学生树立积极向上的人生信念的重要保障，而不思进取的懈怠思想则会引发消极、逃避的心理。如何引导学生正确看待问题是心理健康教育研究的出发点，也是思想政治教育能够长期有效开展的保障。辅导员既要熟练掌握开展心理健康教育的本领，又要从家庭经济困难学生的实际情况出发，通过每一个家庭经济困难学生反映的个体问题挖掘其背后的普遍性问题，明确问题的本质与解决的方法。同时，辅导员还要在工作机制上下功夫，加强对各心理咨询服务渠道的运用，注意保护学生的隐私，在开展一对一的心理咨询时，要制订详细的、与受教育者相契合的教育内容和教育计划。在进行深入交谈的过程中，辅导员要根据学生身心发展特点，有规律性和有针对性地帮助每个家庭经济困难学生处理好就业、学习等方面的具体问题，培养其良好的心理品质。

（四）解决实际问题，传授知识技能，提高综合素质

辅导员在对家庭经济困难学生进行教育帮扶时，不仅要重视通过教育引导人，更要注重帮助人，不能为了教育而教育，而应该解决学生的实际问题，这样才能做好教育引导工作。由于家庭经济困难学生在成长中缺乏必要的知识储备及社会实践等方面的经验，因此，辅导员可以将资助育人与其他育人方式进行有机结合，在帮助学生顺利完成学业的同时，也要注重以全面发展为目标，不断提高学生的综合素质。这就要求辅导员的教育引导工作要多管齐下。第一，引导学生树立和养成正确的学习意识，通过自我学习、朋辈间的学习、课程学习等多种途径，掌握专业知识，提高学习能力。第二，鼓励学生积极参与各种实践活动，通过参加诸如大学生创新创业大赛、社会调查、绘画征文、学习参观志愿服务等活动，丰富自身的业余生活，拓宽自身的交际圈、朋友圈，提升自身的技能本领。第三，引导学生树立纪律意识，通过管理育人，教育学生熟知校规、校纪，强化纪律观念，使其牢固树立责任意识，培养自尊自律的优良素质。

第二节　隐性思想政治教育的优势与不足

隐性思想政治教育作为当前高校开展思想政治工作的又一重要方式，有着显性思想政治教育所不具有的鲜明优势，但是在实际开展过程中，隐性思想政治教育仍然存在着某些局限性。

一、隐性思想政治教育的优势

隐性思想政治教育的开展，满足了时代发展及社会进步对思想政治教育提出的新要求，创新了思想政治教育方法，使受教育者从"被动"转变为"主动"，在一定程度上消除了受教育者的逆反心理，使其主动将教育内容内化于心、外化于行，进一步提升了思想政治教育实效。

关于隐性思想政治教育的优势，罗媛媛认为隐性思想政治教育既符合社会环境和学生思想政治状况的变化实际，又能提高学生的综合素质和自我教育的能力。① 李洪磊认为，随着网络技术的发展，高校网络思想政治的隐性教育优势主要表现为以下三点：教育的全面性、形式的丰富性和灵活性、内容的隐蔽性和渗透性。这些优势顺应了时代的发展，弥补了开展显性思想政治教育的不足，其功效是显而易见的。② 曹金龙认为隐性思想政治教育的独特优势主要表现在教育策略具有隐蔽性、教育过程体现趣味性、教育资源凸显广泛性，高校要充分利用这些优势提升教育效果。③

通过以上学者对隐性思想政治教育的概括可以看出，隐性思想政治教育的优势主要体现为教育方法灵活、教育目的隐蔽、教育内容广泛、教育过程愉悦、教育效果持久等。在新的发展形势下，高校通过隐性教育开展思想政治教育是实现思想政治教育目标的又一重要途径。

案例十《军工报国：引导学生坚定专业思想的实践》充分体现了隐性思想政治教育的优势，辅导员没有对学生进行直接教育，而是通过解析军工文化内涵、组织学生参加社会实践和军工竞赛等活动间接地影响教育对象，使其在潜移默化中、不知不觉中受到教育。在开展隐性思想政治教育过程中，教育对象不仅不会产生逆反心理，反而会因教育过程的愉悦性而欣然接受，而且，隐性思想政治教育方式多样，教育者可以根据不同的教育目的、教育内容，选择与之相应的载体，而使教育更具有针对性，从而取得良好的教育效果。

---

① 罗媛媛：《网络时代的高校隐性思想政治教育》，《江汉论坛》，2012 年第 12 期，第 32 页。
② 李洪磊：《高校大学生网络思想政治的显性教育与隐性教育研究》，《科技资讯》，2019 年第 17 卷第 6 期，第 234 页。
③ 曹金龙：《关于新时代思想政治教育显性教育和隐性教育相统一的思考》，《思想理论教育》，2019 年第 12 期，第 59~60 页。

【案例十】

军工报国：引导学生坚定专业理想信念的实践[①]

一、案例背景

小 E 系某高校某学院大一学生，高中期间就特别喜欢物理，高考填报志愿时就想要填报应用物理专业，但受到家人反对，在与家人争执过程中就随便报了核工程与核技术专业。大一刚入学，小 E 就找到辅导员表示目前对专业不了解也不感兴趣，填报该专业是因为与家人赌气，而家人在小 E 被核工专业录取后，出于谈"核"色变的心理，也并不支持小 E 在此专业就读，因此，家人和小 E 一致决定办理退学手续，回家复读。

二、案例梗概

（一）问题关键点

思想政治教育是中国共产党长期以来始终坚持的一项优良传统，也是党领导各项事业兴旺发达的政治优势。一直以来，高校学生思想政治教育关系着高校更好地培养中国特色社会主义建设者和接班人的重要使命，随着经济社会的不断发展，当前高校学生的思想政治教育面临着新形势、新问题、新挑战，对有效开展思想政治教育也提出了新要求。因此，进一步提升高校思想政治教育工作实效和水平就显得尤为重要。这个案例是一个学生专业选择与兴趣不匹配，这个案例的关键点在于：第一，学生有明显的兴趣，并愿意把兴趣与所学专业相匹配；第二，学生目前对于专业并不了解；第三，涉核专业的特殊性及家人的不支持。

（二）解决思路和实施办法

第一，及时沟通。对于小 E 想要退学的想法，辅导员与小 E 及其家长进行了深入的沟通，了解其中的缘由，知晓该生对于物理专业有执着的热爱，填报核工程与核技术专业只是出于一时意气，没有对该专业进行深入了解。辅导员及时找到问题关键点所在，并稳住了小 E 的情绪。

第二，对症施策。第一，找到兴趣与所学专业的共同点。针对小 E 个人兴趣与目前专业不匹配的问题，辅导员首先肯定了小 E 有明确的兴趣，并且对专业选择有自己的想法。毕竟对于很多高考学生来说，填报志愿的时候非常盲目，没有自己的目标，导致选择的时候会随波逐流，而小 E 从一开始就坚定地选择物理专业，证明小 E 是一名有清晰的目标并愿意为之努力的同学。

[①] 本案例由西南科技大学唐玥提供。

在肯定了小 E 后，辅导员拿出了核工程与核技术专业书籍，并将培养方案交给小 E，同时告知小 E 选择一门专业出于自己的兴趣没有错，但是因一门专业想要退学，并且花费一年的时间去复读，至少应该对这个专业有一定了解，希望小 E 花一周时间了解一下这个专业，若了解以后仍然执意退学，辅导员将为其办理退学手续。一周后，小 E 找到辅导员说明，通过这一周了解，他惊奇地发现核工程与核技术的很多学科都与物理有关，他对此有一定的兴趣。于是辅导员邀请了专业教研室的老师，详细地向小 E 介绍了该学科的专业基础、所学知识与未来的就业方向。小 E 了解到，核工程与核技术专业是培养具备工程热物理及核工程技术基础知识，能在各相关领域从事核工程及核技术方面的研究、设计、制造、运行、应用和管理的高级工程技术人才。核工程与核技术是一门多学科相互交叉的高新技术专业，它的主干学科主要是核科学与技术、物理学等，因而小 E 在自己的兴趣与专业方面找到了共同点。第二，通过加深了解转"危险"为"安心"。辅导员知道，让小 E 找到专业与兴趣结合的地方只是第一步，要想让小 E 愿意在这个专业继续学习，当务之急要拔出小 E 和他父母心里那根关于"核"的刺。与大多数人一样，小 E 和父母由于对核工程与核技术专业的不了解，便认为"核"代表着危险。于是辅导员邀请了小 E 和他父母一起参加了新生家长座谈会，学院领导、专业教师及在涉核领域工作的前辈，详细地向家长及同学介绍了专业情况，让学生及其家长认识到所学专业运用到了军工、医疗领域等。通过专业教师的介绍，让小 E 及父母打消了对核专业的顾虑。经过思考，小 E 及父母找到辅导员表示愿意在这个专业就读。

第三，加深认同。顺利留下小 E 后辅导员开始思考，怎样才能让小 E 加深对专业的认同，并且在这个专业有所收获、不断成长。辅导员鼓励小 E 在学好专业课程的同时，积极参加相关的社会实践。于是小 E 大一下学期以及大二上学期分别跟随专业老师参观了一些军工企业，加深了对专业的理解与认同。大二下学期，小 E 跟随专业教师去采访了胡院士，采访结束后，小 E 情绪激动地找到辅导员，他表示对胡院士的采访使他受益匪浅，老一辈军工人的故事深深地感染了他，他们的奉献精神深深打动了他。最后他真诚地感谢辅导员，因为是辅导员的坚持他才留在了这个专业，而在这个专业里他也找到了自己的方向，他要像前辈们一样，认真学好自己的专业，然后到祖国需要的地方去。

第四，军工报国。有了方向和目标后，小 E 变得更加积极，除了学好专业课，他还利用课余时间积极组织和参加各种竞赛，不断提升自己的综合能力。大四上学期,品学兼优的小 E 顺利被一个军工单位录取。

三、案例反思

辅导员要用军工文化教育引导学生,首先必须要了解军工文化的核心价值和内涵。军工文化是伴随着中国革命、建设和改革的历史演进而生成的一种行业文化,尽管其表现形态多样、表述方式不一,但具有显著的共性特征,尤其是具有鲜明的价值内核。一是忠诚担当的政治品格。每一代军工人毅然决然选择投身于军工科研生产事业,用自己的专业知识和技能为国铸利器、为民谋幸福,极大地提高了我国的国防科技装备实力。广大军工人对党忠诚、敢于担当的政治品格,经岁月洗礼已融入军工文化,并成为军工文化最纯正的"底色"。二是自主创新的超越品性。经历史反复证明,核心技术和关键技术是买不来的,要维护国家根本利益,就必须自力更生、敢于创新。人民军工发展壮大的历史是一部广大军工人瞄准尖端,从跟踪仿制到自主创新再到超越引领的创业史和奋斗史。可以说,自主创新是军工文化中不可或缺的关键要素,是贯穿军工文化生成和发展演进的一条主线。三是精益求精的匠心品质。现代战争对武器装备的精准度和适应性极为苛刻,这就要求军工从业者必须用工匠精神打造军工匠品。因此,精益求精是军工行业的一种基本从业要求,也是军工文化的核心要素之一。四是敬业奉献的卓越品行。军工科研生产从业要求高、攻坚难度大、转化收益少,且许多军工科研院所、企业位于三线地区,试验生产经常需要到野外作业,条件异常艰苦。这就要求军工科技工作者将国家利益放在首位,立足本职、淡泊名利、无私奉献,这也是军工文化最为生动感人的构成要素。辅导员可以从军工文化核心价值着手,加强军工文化育人,发挥军工文化的育人功能。

(一)辅导员示范引领践行军工文化育人

辅导员是高校文化育人的重要桥梁,两者相互作用。高校实施文化育人应当充分激发辅导员的主体作用。一方面,辅导员应当按照有理想信念、有道德情操、有扎实学识、有仁爱之心的"四有"好老师要求,在课程、科研、实践、管理、服务、组织等方面的履职过程中承担起传递与涵育特色文化的职能,用自身的从教行为立体呈现军工文化的价值和魅力,使广大学生能从身边点滴中感受到军工文化的具体存在。另一方面,学生应主动置身于军工文化氛围中,与辅导员形成紧密一致的文化共同体,切身感受军工文化的独特魅力,在接受教育过程中,不断推进军工文化的传承与创新。

(二)第二课堂融通军工文化育人

为了充分发挥军工文化的育人作用,辅导员还可以将军工文化与主题教育、科技报告、学生社团、社会实践等第二课堂进行融合，利用第二课堂独特的优势，使学生更好地体悟军工文化蕴含的价值取向，进一步强化学生"国无防不立，民无防不安""投身军工，吾辈有责"等思想意识。一是开展主题宣讲活动。通过各种主题宣讲活动，引导学生积极主动关注国防科技，活跃军工学术文化氛围，扩大军工文化的影响。辅导员可以通过"入学第一课"的形式，选取军工文化中蕴含的不同内核，如军工文化的价值意蕴、创新取向、工匠精神等，为新生提供正确的思想引导，从而明确自身的文化身份并承担起相应的文化使命。二是开展主题教育。以纪念军工领域功勋人物、重大历史事件为契机，激发广大学生崇尚科学、热爱国防、探索未知的热情与梦想。三是开展主题实践活动。带领学生走进国内上百家军工单位开展百队千人国防行活动，组织学生走进军工生产一线、与军工科技人员交流等活动使他们实地感受军工行业的独特文化及军工人的精气神。此外，还可以引导和支持相关专业学生成立军工文化协会，在学校宣传和弘扬军工文化。

（三）通过军工文化竞赛，开展"沉浸式"思政育人活动

为推动思想政治工作的改革创新，更加充分、高效地发挥军工文化的思政育人功能，辅导员可以围绕军工文化组织开展形式多样、内容丰富的军工知识竞赛等活动，激发学生的积极性和参与性，从而更有温度、更有深度、更高效地发挥军工文化的育人功能。通过开展国防军工知识竞赛等，激发学生的军工兴趣，进而将兴趣转变为热爱。同时将军工文化更好地融入思政育人工作，可以通过与军工前辈、院士等进行访谈的方式，挖掘军工史的感人事迹，弘扬军工文化，培育学生的军工报国精神。

二、隐性思想政治教育的不足

虽然隐性思想政治教育有诸多显著的优势，但同时也存在着一定的局限性。有的学者认为隐性思想政治教育的局限性主要体现为起效慢和结果不可预期。因为无法判断隐性思想政治教育什么时候可以感化受教育者，也无法确定对受教育者形成了什么样的影响。有的学者认为隐性思想政治教育大多都是通过校园活动及校园社会实践进行的，参与学生有限，教育时间、经费及空间等方面也有着很大的局限性，教育系统性缺失，因此很难实现理想的教育效果。有的学者认为隐性思想政治教育存在教育过程缺乏规范性、操作难度大、教育功能存在非预期性等显而易见的局限性，在教育实践中，可能达不到预期效果。也有学者认为隐性思想政治教育使受教育者内心在潜移默化中得到了真正

的感化，但是隐性思想政治教育同样存在着两个不足：教育结果的不确定及教育效果的缓慢性。

隐性思想政治教育的出现，在一定程度上使大学生思想政治教育更加贴近学生生活和贴近学生实际，但由于其教育结果存在着不确定性，教育效果也相对缓慢且无法考量，因此，必须加强对高校隐性思想政治教育反馈机制、评价机制的研究，并不断改进隐性思想政治教育方法，以更好地实现教育目标。

第三节 探索隐性思想政治教育的途径

隐性思想政治教育从其教育手段来讲，是通过改变受教育者环境，从而在潜移默化中实现教育目标的一种社会实践活动。网络技术的进步和大数据时代新媒体的发展都是影响大学生隐性思想政治教育的因素。因此，顺应时代发展和不断探索大学生隐性思想政治教育的新途径，是高校实现"三全育人"的重要举措。

一、提高对隐性思想政治教育的认识

教育者与受教育者是构成思想政治教育的两个基本要素，立德树人是思想政治教育的根本任务。但教育者和受教育者的地位不是一成不变的，"教学相长"一词便是教育者和受教育者辩证关系的充分体现。时代在变化、社会在进步、教育也在发展，知识的获取与传授在信息化时代发生了巨大的变化，这都为隐性思想政治教育的开展提供了积极的因素，也为科学处理教育者和受教育者之间的关系，形成健康的教育联系，提升思想政治教育的效果带来了新的变化。特别是作为教育主体的高校思想政治教育教师，一定要坚持以马克思主义理论为指导，运用马克思主义的立场、观点和方法解决思想政治教育工作中出现的实际问题。只有引路人的路走对了、灯照亮了，教育工作才能在正确的路上走下去。

作为思想政治教育的基本要素之一，受教育者的思想认识也是影响隐性思想政治教育效果的一大因素，不同的人对于不同的事物具有不同的看法，这种不同根源于幼年形成的个人价值观念，而这种价值观在形成时受家庭环境、学校环境和社会环境等各方面因素的影响。而青年大学生的发展需要正确价值观的指引，要做好青年大学生的思想政治教育工作，就要注重青年大学生社会主

义核心价值观的培养和形成，帮助其确定正确的政治方向。

家庭对于大学生教育的影响和价值观的成型所具有的基础性作用经常被忽视，对于大学生来说，不同的原生家庭所提供的不同价值观，让他们对于同样的事情都有自己独特的解决办法。主体基于对事物不同的认识和理解会做出不同的反应。因此，应在学生的幼年时期或青年时期充分发挥家庭在其价值观形成过程中的作用，更好地沉淀和转化主体的行为习惯和道德品质。

学校环境对于大学生隐性思想政治教育工作和个体价值观的形成与引导具有极大的影响，教育引导是价值观教育的基础性工作。高等院校作为各类观念和看法的集成地，要做到协调和引领各类价值观，就要重视隐性思想政治教育的开展，发挥其优势，不断加强学生社会主义核心价值观教育，加强学生的政治引领、精神引领和价值引导，为思想政治教育提供教育资源和教育平台，充分发挥学校思想育人的功能，深化实践教育，将思想政治教育融入社会实践、志愿服务和文化工作中。

案例十一《退伍大学生回归校园：退伍不褪色，退役不退志，重启大学生活的教育实践》，就是充分发挥隐性思想政治教育的优势，让退伍大学生的状态很快从军营回归校园，完成从军人到学生的角色转换的典型案例。该案例也为高校不断探索隐性思想政治教育的有效路径提供了新的思路。

【案例十一】

退伍大学生回归校园：退伍不褪色，退役不退志，重启大学生活的教育实践[①]

一、案例背景

在国家政策的大力支持下，越来越多的在校大学生怀揣壮志投身军营，为军队提供了更为优质的人才，促进了军队的现代化建设同时也为大学生自身的成长成才及未来发展奠定了良好的基础。然而，其中多数参军入伍的在校大学生需要在服役期结束后退伍返校，从"校门"到"军队"又回归"校门"，两年内生活环境、教育环境、文化背景、学习氛围和角色的快速转变，使得退役复学的大学生可能产生一系列大学生活的融入性问题。

小王同学是一名退伍复学的大三学生，2021年9月退伍复学到信息学院某专业。从生活作息工作非常规律的部队生活，一下子进入了学习生活相对自

---

① 本案例由西南科技大学熊婉君提供。

由的大学生活,该生的"老同学"都在忙着实习,"新同学"忙着大三的学业,他在"新老集体"中都没有找到自己的位置,好在还有两个退伍复学的同学也在本院学习。小王同学找到自己的辅导员提出想要改变自己目前的状态。

二、案例梗概

(一)退伍复学大学生重新适应校园等问题

退伍复学大学生以军人的身份在军营里度过了两年时光,具有军人与学生的双重身份,作为重返校园的特殊群体,他们对重获的学生身份充满了好奇,同时也对校园生活充满憧憬。军队与校园是完全不同的两个场域,文化氛围、生活环境和培养方式都截然不同。因此,对于那些已经适应军队生活的退伍大学生,可能不能马上适应全新的校园生活,面临着身心、学业、环境及人际关系四个维度的难题。

第一,身心症状。指个体在完成任务的过程中出现的生理与心理上的不良反应。个体在进行学习、人际交往、生活自理、环境认同等各方面的适应时可能因承受持续性的压力而产生一些生理与心理的症状。从部队到学校,两个场域的变化,使退伍返校大学生在适应的过程中承受来自学业、人际、环境等各方面的压力,从而产生一些生理或心理问题。对不同特性的退伍返校大学生来说,这些压力可以是短暂的,也可以是持续的。

其一,孤独感。在小王同学返校时,之前同届的同学已临近毕业,他要进入的是一个完全陌生的群体,因此,在环境和心理上他都要重新适应。进入新的同学群体,小王同学由于与大家都不熟悉,会有一定的陌生感,甚至在与老师和同学接触时,由于还不是很了解他们,不能很好地融入他们的圈子,因此,会产生很强的孤独感。如果不及时进行自我调整或寻求帮助,这种情况长期持续下去,自己不仅会成为同学眼中的"异类",甚至有可能会自闭或抑郁。

其二,角色地位落差。小王同学在校期间不仅是学生干部,而且还是优秀学生,入伍时又获得了各方面的关注与褒扬,在服役期间表现也很优秀,是单位骨干。但在退伍返校后,之前在校的各种光环逐渐淡化,一切都要重新开始,再加上行为模式的转换与学习中断带来的影响使他处在了极为不利的处境,与服役期间甚至与服役前的境况形成了较大的落差,从而陷入了焦虑与烦恼之中,影响其角色的顺利转换。

第二,学业适应。学业适应主要是指学生无论是在何种境遇条件下都能客观地认识自己的心理状态,并从行动上积极调整,使自身的心理状态很好地适应环境。它既是一种调整的过程,也是一种调整的结果。

其一,学习效率低。小王同学在退伍返校后,心里是想着要好好学习,但是因为已经许久未接触课本,总是静不下心来,容易被周围的事或人影响,而且抱着急于求成的心理去看书,对课本内容也一知半解,看书的效果事倍功半。退伍返校的学生如果像在军队里一样,对自己抱有较高的期待与要求,一旦出现与自己期望不符、碰壁等情况就容易手忙脚乱,长期陷于一种紧张、焦虑的情绪中。这种现象很普遍也很正常,但会对学生造成一定的心理压力,从而影响学习的效率。如小王同学所说,入伍两年思考的事情更多了,进入单纯的学习状态就困难得多,容易"想东想西"。

其二,学习自律性不够。与军队内的统一安排、统一管理相比,大学校园的学习氛围与环境则相对自由与灵活,军队内有严格的日程安排及规章管理制度,长期生活在这种环境中的学生自律性强,但是返回较为自由的大学校园后,退伍学生易放松自己,在周围同学的影响下,对自己要求逐渐降低,自律性越来越差。

其三,时间安排不合理。军队纪律严明,有明确的时间安排表,在这种没有选择的情况下,学生会主动去接受被安排的结果,严格按照时间表执行。但是回到拥有更多可自由支配时间的大学校园,他们反而会觉得迷茫。因此,退伍返校大学生群体需要及时规划自己的"时间表"并调整自己的学习安排。

第三,环境融入。环境的总体认同是指个体能否接纳新环境。是否认同新环境之所以是入学适应的重要方面,主要有以下两方面的原因:一是新环境在向个体提出新要求的同时,也提供了许多潜在的发展机会,而只有在接纳新环境的基础上,个体才有可能积极回应环境的要求并利用环境所提供的机会,为达成与新环境的平衡奠定基础;二是由于进入大学是个体可预期的事件,个体带着较高的期望进入新环境,而期望与现实往往存在差异,需要协调期望与现实之间的差异,避免对新环境产生极端、消极的看法。

虽然入伍前大学生在大学校园中生活学习了一段时间,但是随着校园环境和基础设施设备的变化,这些自己熟知的东西已经发生了变化,因此退伍返校的大学生仍然需要像新生一样再重新熟悉学校环境。

第四,人际关系。对于退伍返校大学生来讲,人际关系基本集中在同学、朋辈及师生关系这三大部分。场域的变化要求个体在新环境中建立新的人际关系,以获得必要的、在适应中具有关键意义的社会支持,通过对内外资源的有效利用达成与环境的动态平衡。

普通大学生大多在军训期间就已建立起自己的人际关系网,军训过后大家的关系网基本成型,"半路进入"的退伍返校大学生,错失了和大家建立人际关系的最佳时期。尤其对于小王同学来说,当他返校时,普通大三同学精力可能重点放在学业发展或实习就业上了,其在学校的交际圈已基本成型,这就更加提升了难度。

(二)退伍复学大学生适应校园策略

第一,重塑学习动力。学生本人知晓社会对知识文化的重视程度,也明白自己没有学历作为支撑在社会上可能会特别辛苦。以该点作为切入,让退伍复学大学生重新调整好自己的心态,使其实现对专业学习从排斥到接受的心态转变。

第二,创建朋辈学习帮扶小组。让班级中学习成绩好、热情开朗的同学介入退伍复学大学生的学习生活,在学习上帮助他,让其先跟着集体走,尽量不要"旧账未去,新账又来"。

第三,专业老师重点帮扶。将退伍复学大学生的情况和专业老师做深入沟通,请专业老师为该生制订适合他的学习计划,让学生树立专业学习的信心。

第四,班集体对退伍复学大学生进行倾斜关照。班集体主动出击、主动作为,让他在班级活动中找到存在感,也适当根据他当兵入伍的经历,请他与班级同学分享自己部队生活的心得,让其体会到自己的价值。

第五,多方联动监督。给退伍复学大学生制定近期、中期、远期的目标,每个目标设置一定的奖惩措施,逐渐引导学生从被动型学习向主动性学习转变。

第六,心理咨询和情感支持。通过退伍复学大学生的个别好友进行情感支持介入,对其进行情感疏通,缓解学生的孤单感,降低其产生抑郁的可能性。必要时请院校两级的心理咨询师介入,保障退伍复学大学生的心理健康。

三、案例评析

从全日制普通高等学校的在校大学生中征集新兵,是军队进行现代化建设的新举措。在校大学生得到了党和国家的高度重视,更多的青年学子怀揣着从军报国的理想参军入伍。随着越来越多的在校大学生参军入伍,其中一部分参军入伍的在校大学生通过自身努力,在军营成功提干或者考入军校,成为参军入伍大学生中的佼佼者。但是绝大多数参军入伍的在校大学生经过两年兵役之后,退伍返校再次回到校园,他们面对的已经不是两年前的同学,而是比自己小且又陌生的新同学,还要面对适应新的校园生活环境等问题,更为重要的是退役复学大学生在部队的两年都是以军事训练、政治理论的学习为主,远离了专业知识学习,这些都给他们重新融入校园造成一定困难。因此,深入地了解这一群体在退役复学后的状态,对他们所面对的校园生活的融入性问题进行研究显得尤为重要。针对退役复学大学生面临的四个方面的问题,更多地采用隐性思想政治教育的方式，让学生在潜移默化中完成角色的转换，重新适应大学生活，顺利完成学业。因此，积极开展退伍返校大学生的适应性研究，极具现实意义。

针对特殊群体大学生，要充分发挥隐性思想政治教育的优势。与传统的教育模式相比，隐性思想政治教育更具针对性和感染力，能够更好地满足学生的实际需求，也更易被退伍返校大学生这类特殊群体所接受。学校及相关部门要充分了解退伍返校大学生在校园适应方面存在的问题，在对造成这些问题的原因进行深入分析后，通过隐性思想政治教育方法为他们提供精准化的服务与支持。

针对特殊群体大学生，开展隐性思想政治教育，有助于受教育者更加深入、全面理解国家的相关政策法规。目前，我国的《退伍士兵安置条例》更多的是在福利制度方面及政策上为退伍返校大学生提供便利，对于他们在学校适应方面的关注并不多，这就需要学校及其工作者重点了解和分析退伍返校大学生在学校适应的整体情况，同时加强和完善对这类特殊群体的服务体系便于解决他们面对的困境。

二、加强资源建设

百年大计，教育为本。全面建设社会主义现代化国家的新征程已开启，中华民族的伟大复兴迫切需要德智体美劳全面发展的高素质人才，青年大学生肩负着更伟大的历史使命。因此需要大力创新思想政治教育的形式，优化育人环境，为大学生隐性思想政治教育提供资源。

（一）支持校内志愿服务团队的实践发展

志愿服务是社会文明进步的标志。党的十八大以来，广大志愿者、志愿服务组织、志愿服务工作者积极响应党和人民的号召，弘扬和践行社会主义核心价值观。当代大学生也应当积极参与志愿活动，在志愿活动中通过服务他人、奉献社会，实现自身的价值；并且在志愿服务当中反思、提升自我的价值和能力，在志愿服务中弘扬奉献、友爱、互助、进步的志愿精神。高校不仅要向学生传输理论知识，更要让学生将知识转化为实践，从思想上和行为上主动践行中国特色社会主义建设者和接班人的使命担当。近年来，高校志愿服务越来越多地走进社区、走进乡村、走进行业基层，立足国情，解决基层社会问题。志愿服务活动的内容丰富，大学生在参与志愿服务活动期间，能够在奉献中提升自身的精神高度，通过志愿服务学到单靠书本无法学到的知识，提高实践活动能力。在志愿活动和实践活动中，高校经常通过志愿者服务活动对大学生进行思想政治教育。因此，高校应该为大学生志愿服务搭建更多更大的平台，推进高校志愿服务制度化和常态化，让学生在社会志愿服务中成长，在学习中实践，在实践中学习。

（二）创新新时代大数据下的网络资源建设

随着大数据时代和互联网的发展，大学生面对海量的信息获取渠道和知识获取方式，其中不免受到混杂错误的信息和知识的干扰，因此通过提高学生的思辨能力和判错能力，培养其对新事物的独立思考能力和学习能力是至关重要的。

随着近年来大数据的发展，数字化教育和线上网络教育的作用尤为突出，尤其是在新型冠状病毒肺炎疫情期间，线上教育更能体现大数据时代下把握发展机遇顺应大数据时代发展的重要作用。近年来，各大高校也在不断向数字化、智慧化校园发展，"易班""慕课"等各大学校的线上学习网站，致力于在网络平台中建立良好的虚拟社会，建立一个引导学生树立正确价值导向和政治方向的网络资源平台。

（三）加强学校与艺术团体的长效合作

将思想政治教育与艺术相结合，是实现隐性思想政治教育的一种重要呈现方式。邓小平认为："不论是对于满足人民精神生活多方面的需要，对于培养社会主义新人，对于提高整个社会的思想、文化、道德水平，文艺工作都负有其他部门所不能代替的重要责任。"[①]

要做好当代大学生隐性思想政治教育工作，高校在坚持立德树人根本任务的同时，更要讲政治、讲格调、讲责任，严格把关文化艺术活动的政治方向，使艺术活动与社会主义核心价值观相契合；加强部门合作，协同育人，落实文化部门、宣传部门与各大文学艺术团体和学校的长效合作，整合各类美育资源，将思想政治教育悄无声息地附着于文化艺术表演当中。

（四）鼓励校内艺术团体的创新发展

邓小平指出："要运用文艺创作，同意识形态领域的其他工作紧密配合，

---

① 邓小平：《邓小平文选（第二卷）》，人民出版社，1994年，第209页。

造成全社会范围的强大舆论,引导人民提高觉悟,认识这些倾向的危害性,团结起来,抵制、谴责和反对这些错误倾向。"① 高校通过校园文化建设,使丰富多彩的活动贯穿于学生的学习和生活中,使青年大学生自觉开展自我学习、自我认知和自我塑造,使青年大学生成为具有正确价值观的好青年。为了高校学生第二课堂的不断发展和完善,应着力将思想政治教育融入学生的第二课堂活动中,例如将红色精神融入第二课堂活动,鼓励学生参与传播正能量的微电影、品鉴红色歌舞表演等校园文化活动,在遵循教育规律和学生心理特点的基础上,突出培育和践行社会主义核心价值观。

案例十二《高雅艺术欣赏:培养学生高尚情操的实践探索》就是通过组织学生参与合唱团,对其开展隐性思想政治教育的典型案例。把握好价值导向和载体形式的有效融合是开展隐性思想政治教育的重点所在。

【案例十二】

高雅艺术欣赏:培养学生高尚情操的实践探索②

一、案例背景

青出于蓝合唱团(以下简称"合唱团")隶属于西南科技大学制造科学与工程学院,这是一支由理工科师生组成的艺术类群众性业余合唱团。合唱团以提升工科生艺术素养、展示工科人精神风貌、助力精神文明建设为目的,通过各种演出与交流活动,弘扬高雅艺术。合唱团提倡爱团爱合唱的理念,树立向上向善、热心热情的办团宗旨,营造团结和谐的合唱氛围。自2013年成立至今,合唱团先后参加校内外各类演出和比赛等50余场,改编国内外合唱歌曲60余首,在校内外合唱比赛中多次斩获佳绩,打造了特色鲜明的工科音乐合唱团,展现了当代大学生团体的良好精神风貌。合唱团以"陶冶情操、提升品位"为目标,致力于创建一支具有一定知名度的合唱团体。本案例通过重点了解大学生入团以来的心路历程,探究合唱团这一高雅艺术平台对于学生的成长有什么样的积极影响,并通过总结经验和启示,为提高大学生艺术修养,推进思想政治教育和学生综合素质全面发展,为培养工科背景下具有强烈社会责任感、创新精神和实践能力的应用复合型人才和创新型人才提供有益借鉴。

---

① 邓小平:《邓小平文选(第二卷)》,人民出版社,1994年,第211页。
② 本案例由西南科技大学谭小波提供。

二、案例梗概

在对合唱团同学加入合唱团以及坚持下来的原因进行了解后，分析学生加入合唱团的原因大概有以下三类：一是占比最大的兴趣爱好，二是师生的宣传、推荐和选拔，三是合唱团自身的吸引力。

（一）第一类学生出于对音乐喜爱而入团

同学A：当时对唱歌和合唱都比较感兴趣，刚好学院有相关的平台，能够接触到自己感兴趣的东西，就加入了合唱团。在训练中学到了很多知识、交到了很多好朋友，同时，合唱团又可以作为一种兴趣爱好，所以能够坚持下来。合唱团有一种良好的氛围，团员之间的感情也很好。

同学B：两年前加入合唱团主要有两个原因。其一是喜欢音乐，喜欢唱歌，听过一些合唱作品，对合唱比较有兴趣，了解到不同声部各有特点对作品有不同的作用，通过人声和伴奏的交织演绎作品，能表现词曲作者的感情和作品的意境。其二是制造科学与工程学院作为工科学院，其课程少有人文熏陶，而合唱团的存在则极大弥补了枯燥的工科学习，可以享受音乐、艺术和人文，这不仅丰富了我的课余生活，同时也提高了我的音乐素养。在声乐老师和指挥的指导下，我能发现并改正自己在唱歌时的错误方法，学会更好地歌唱。

同学C：自己喜欢唱歌，并且有相对好的乐感，希望能够进行专业的音乐学习，丰富课堂以外的生活。作为观众观看了几次合唱团的表演后，觉得很有趣。入团以后发现团里氛围和睦、关系融洽，我自认为作为合唱团的一员，有必要坚持下去，尤其是看到自己一点点在进步。

同学D：自己比较喜欢唱歌，刚开始在合唱团学到了一些乐理知识。在加入一年之后更觉得青出于蓝合唱团是一个不一样的集体，大家为了一次演出共同排练是一个很棒的过程。

（二）第二类学生是因师生的大力宣传、推荐和选拔

同学E：加入合唱团是当初参与了选拔被选中的。其实我个人感觉合唱团的训练或者排练比较有趣好玩，也比较轻松，所以我觉得更多的是一段享受和愉快的经历。虽然，可能有时候要一次站三个小时，但是有一群可爱的同学、可爱的老师和自己站在一起，就感觉其实也没有那么难。因为大家更多的是注重声带节奏，很多时候都忘了站了多久，直到老师说今天的训练就到这里结束，才发现原来已经站了三个小时了。

同学F：我大一刚进学校的时候，就很想加入一个音乐社团。有一次听到辅导员介绍合唱团，我就很认真地听讲，到了合唱团招新那天可高兴了，就希望自己能进入合唱团。能够坚持到现在当然是因为我觉得这个合唱团无论是实

力还是氛围都是我喜欢的！

同学 G：当初是因为好友的推荐加入了合唱团。后来慢慢地对合唱团有了感情，也认识了许多有趣的小伙伴，我们一起互相鼓励，然后坚持了下来。

（三）第三类因合唱团自身的吸引力而加入

同学 H：从庆祝新中国成立 70 周年举办的合唱比赛开始就注意到青出于蓝合唱团。通过试音的时候是很惊喜的，因为真的能加入这个团体，并且通过的人员并不多。无论是演出前的排练，还是演出当天的安排，青出于蓝合唱团都给我一种井然有序的"靠谱"感，团队的这种认真风格让我感到踏实，所以就一直留在了合唱团。

合唱团还使加入其中的学生性格变得更加开朗，他们学会合理规划时间，更有集体意识，更加懂得付出与坚持，学会多角度看待问题，掌握了一定的乐理知识，提升自己的个人修养。

三、案例评述

由本案例可以看出，合唱团作为一种高雅的艺术形式促进了大学生的文化素质、思想素质、身心素质、能力素质、审美素质等方面的提高，让大学生从艺术的角度审视人类文明，拓展了大学生的文化视域，加深了他们对文化的理解，对弘扬和传承中华优秀传统文化起到了积极作用。同时，提高了当代大学生把握、理解和运用科学文化知识的能力，提升了大学生的人文素养，帮助大学生树立了正确的价值观、人生观，让他们在艺术的熏陶中，体会、感悟、认同社会主流价值，激发他们对美好生活的向往。合唱团还有助于大学生培养健康的心理、健全的人格，通过对中外艺术经典作品的演绎和生动有趣的讲解活动，提高了艺术欣赏趣味，调动了大学生的参与热情和积极性，他们在参与的过程中拓展了视野、陶冶了情操、提高了修养、丰富了精神世界。具体的、生动形象的艺术节目，能够将大学生对艺术的体验，从兴趣与娱乐的层面提升到认知与鉴赏的层面，从而提高大学生的形象思维与逻辑思维能力。思维是智力的核心，思维能力的提高，能够启发和培养人的感知能力、理解力、想象力以及创造力，开发人的潜能，促进大学生智力全面发展。活动将高雅艺术与校园文化建设相融合，既提升了校园文化品位，丰富了校园文化生活，提高了学生审美能力，又能达到"润物无声、育人无形"的效果。

合唱团这样一种高雅艺术形式还可以起到带动和引领高校文化教育方向的作用，成为校园文化建设和艺术教育最重要的文化资源。活动内容的设计要有别于社会流行文化和时尚娱乐文化，着重体现艺术的品味、表现形式的设计，并将现场演出与专家讲解相结合、艺术欣赏和知识普及融为一体，营造格调高雅、充满活力的校园文化环境。

三、加强平台建设

思想政治教育不是空洞乏味的说教，思想政治教育的内容极其丰富。思想政治教育是不同时代和不同国家普遍存在的现象，要认识这种现象，需要更加重视隐性思想政治教育的形式和平台的构建，使思想政治教育工作在学生未感受到的情况下持续进行。

（一）构建网络教育基地

实施教育信息化，积极推进"互联网+教育"，以教育信息化支撑和引领教育现代化已成为教育发展的新趋势。扩大精品网络在线课程的覆盖面，推动教育的数字资源服务的普及，加强网络线上课程教师能力和素质的审核，共享优质教育资源，推动逐步实现"一人一空间、人人用空间"。

全面开展校园联网攻坚行动，全面改善校园网络，科技类大学更应当充分利用自身科技优势，培养和利用在校大学生的科研能力，建立学校自己的网络学习平台，通过大学生的自建、自治、自我管理使他们在科研学习中接受思想政治教育。

（二）建设红色教育基地

习近平总书记指出："红色资源是我们党艰辛而辉煌奋斗历程的见证，是最宝贵的精神财富，一定要用心用情用力保护好、管理好、运用好。"[1] 并从加强科学保护、开展系统研究、打造精品展陈、强化教育功能等方面提出了红色资源保护、管理、运用的要求与方法。在我国的传统文化中，红色代表了吉祥、喜庆、庄严、热情。当下，红色教育基地已经是红色教育的重要平台，红色教育已经成为精神洗礼的重要内容，红色景区的价值已经不单单只是促进经济发展的风景区，而是负载着精神教育的意义。遍布全国各地的爱国主义教育基地日益发挥着红色文化教育资源供给的重要作用，红色文化教育成为高校立德树人的鲜亮底色。

"革命博物馆、纪念馆、党史馆、烈士陵园等是党和国家红色基因库。要

---

[1] 习近平：《用好红色资源 赓续红色血脉 努力创造无愧于历史和人民的新业绩》，《党员之友（新疆）》，2021年第11期，第6页。

讲好党的故事、革命的故事、根据地的故事、英雄和烈士的故事，加强革命传统教育、爱国主义教育、青少年思想道德教育，把红色基因传承好，确保红色江山永不变色。"[①] 习近平总书记的论述告诫我们革命老区和红色教育基地建设对于思想政治教育工作的重要性和必要性。建设革命老区不仅是对革命精神的继承，更是推动新时代大中小学生爱国教育和爱党教育实践创新和隐性思想政治教育的重要路径。

---

① 《习近平在河南考察时强调：坚定信心埋头苦干奋勇争先谱写新时代中原更加出彩的绚丽篇章》，《资源导刊》，2019年第10期，第6页。

第五章 融合创新：推进大学生思想政治教育中显性教育与隐性教育融合统一

"要坚持显性教育和隐性教育相统一，挖掘其他课程和教学方式中蕴含的思想政治教育资源，实现全员全程全方位育人。"① 2019年3月18日学校思想政治理论课教师座谈会的召开为大学生思想政治教育坚持显性与隐性教育融合创新提供了方向遵循。推进显性教育与隐性教育的辩证统一，为创新大学生思想政治教育提供了路径指引。

第一节 大学生思想政治教育中显性教育和隐性教育的融合机理

时代的发展不断推动着高等教育的改革创新，也给大学生思想政治教育带来了新的机遇与挑战。大学生思想政治教育中显性教育与隐性教育的融合体现为坚守思想政治理论课主阵地，同时又不断在其他课程资源及日常教育中丰富发展思想政治教育的形式与载体。显性教育和隐性教育融合的机制与理念是思想政治教育在不同条件下综合发展的需要，是显性教育与隐性教育相统一的理论基点。

一、适应教育现代化的要求

中共中央、国务院印发的《中国教育现代化2035》是我国第一个以教育现代化为主题的中长期战略规划，是我国在新时代背景之下为了推进教育现代化、建设教育强国所提出的纲领性文件。《中国教育现代化2035》提出，到2035年

---

① 张烁：《习近平主持召开学校思想政治理论课教师座谈会强调 用新时代中国特色社会主义思想铸魂育人 贯彻党的教育方针落实立德树人根本任务》，《人民日报》，2019年3月19日第1版。

我国教育总体将实现教育现代化，同时也会迈入教育强国行列，推动我国成为学习大国、人力资源强国及人才强国，为到 21 世纪中叶建成社会主义现代化强国奠定坚实的基础。高等教育作为教育领域的重要组成部分，在中国教育现代化中具有举足轻重的地位和作用，只有破解诸多阻碍高等教育高质量发展的深层问题，加快转型发展，才能确保在 2035 年实现高等教育现代化，进而确保实现教育现代化的发展目的。站在新的历史交汇点上，立足百年未有之大变局与党和国家的事业发展全局，高校思想政治教育担负着重大历史使命。高校开展的思想教育理论课堂作为育人的主要阵地，以其显性教育优势具有育人的重要作用。但是"学校层面的思想政治教育仅仅靠思想政治理论课教学是不够的，还需要其他课程和学校机构相互配合，同向同行，形成合力，营造良好的育人氛围"[①]。此外，还要注重校园文化的建设与校园活动的开展，将思想政治教育以"润物细无声"的方式融入学生的学习与工作生活之中，以隐性教育的方式促进学生文化素质、思想素质及综合素质的提升，以更好地适应教育现代化的发展需求。

二、实现育人目标需要

在大学生思想政治教育的过程中坚持将显性教育与隐性教育相结合，发掘不同课程及学校教育过程中的其他因素所蕴含的思想政治教育资源，联动高校的各级部门、课程教师及后勤工作人员，以实现全员、全过程、全方位育人的教育目标。

在迈进第二个百年目标的新征程中，我国未来社会事业的建设发展需要大批高素质人才，培育时代新人依然需要依靠高校主阵地，培育社会主义建设者和接班人依然离不开高校育人工作，这就需要高校思想政治教育的创新发展来满足时代要求。思想政治教育是需要长期付诸实践的动态育人过程，在这个过程中需要加强显性思想政治教育和隐性思想政治教育的统一，从而形成教育合力。

一方面，要强调显性教育突出的政治属性，同时要认识思想政治教育的系统性和全面性，这就需要隐性教育潜移默化的教育属性。显性教育与隐性教育

---

① 陈彦珍、刘卓红：《思想政治理论课教学"八个统一"的辩证法意蕴及其践履——学习习近平总书记在学校思想政治理论课教师座谈会上的重要讲话》，《内蒙古师范大学学报（教育科学版）》，2019 年第 32 卷第 7 期，第 47 页。

在功能上具有互补性，可以加强育人效果。显性教育以其鲜明的政治立场、意识形态教育内容及规范的话语表达为学生传输深刻的科学理论知识和价值观念。而隐性教育以开放、自主的教育观念和教育过程及灵活的教育方式为教育优势，在充分考虑到受教育者的主观能动性的同时，能够减少受教育者对教育内容的逆反心理，减少受教育者对思想政治教育内容的枯燥感。将显性教育与隐性教育各自擅长的教育方式相结合，才能更好地提升教育成效，增强育人效果。

另一方面，显性教育与隐性教育在目标上发挥协同作用，以达到良好的教育效果。以爱国教育为例，如果只是依靠思想政治理论课教师在课堂上的理论知识的讲授，以各种英雄人物的事迹举例阐释爱国主义，其实不足以让学生真正领悟到爱国主义的深刻内涵，这就需要发挥隐性教育的协同作用。比如教师在讲述爱国主义的理论知识以后，应适当地组织学生参观英雄纪念馆、博物馆及各种红色教育基地，让学生在体验中感悟爱国英雄人物的故事，从而自然而然地增强爱国意识及爱国热情，真正体会并践行爱国主义的高尚情感。

第二节 大学生思想政治教育中显性教育和隐性教育融合存在的问题

新时代大学生思想政治教育需要将显性教育与隐性教育相融合，但是在融合过程中还存在着一系列的问题，如二者融合不紧密致使思想政治教育全过程的效果会受到一定影响。其问题主要表现在第一课堂与第二课堂的分割、思政课程与课程思政的分割、校内学习与校外实践的分割三个方面。

一、第一堂课与第二堂课的分割

思想政治理论课堂是思想政治教育的主阵地，也是传递理论知识、进行思想引领、普及法律和道德教育的第一课堂。学生成长需求规律和认识规律决定了如果仅仅依靠第一课堂理论教学，就会限制学生的自由学习能力，固定时间和地点的课堂教学不能为学生提供直观的体验和深度的认知。

从教学的内容来看，一些思想政治教育理论课内容实效性较低、针对性不强，忽略了学生的需求，教学案例陈旧，与学生的学习生活经验不适应，导致学生对课堂教学的认可度低。从教学方式来看，一些高校思想政治理论教师尽管已经运用多媒体进行课堂教学，但是与学生的互动性仍然不强，大多数教师仍然采取满堂灌的方式进行教学，致使学生对理论知识的吸收不强，教学效果甚微。"近年来，高校团组织在团中央和教育部领导下，开始探索建立第二课堂成绩单制度。"[①]通过对原本比较散漫的学生活动进行系统规范化的管理，突出校园文化、社会实践、志愿服务、创新创业及文艺体育等学生服务活动的协同育人作用，初步形成了第二课堂培养体系，为实现思想政治教育第一课堂和第二课堂的协同育人创造了条件。

第一课堂作为高校思想政治教育中的显性教育，第二课堂以其隐匿的思想政治教育方式代表着思想政治教育中的隐性教育，二者在融合过程中，仍存在一定问题。虽然倡导二者融合教育、协同育人，但是第一课堂与第二课堂还是处于分割当中，主要表现在两个方面：一是高校的顶层设计不到位，与育人载体之间存在分离。在实践过程中，高校对于思想政治教育第一课堂与第二课堂协同育人的体系建构仍然不完善。思想政治理论课作为一直以来占据主要阵地的课程，有着完备的课程配套体系和管理模式，但是第二课堂很多时候并没有被纳入教学规范系统，其开展的文化活动或是社会实践甚至与第一课堂存在时间冲突和内容重复等问题。二是高校教育资源分配不均，育人的实效受到限制。目前高校思想政治教育的问题还是偏于课堂教育，各类教育资源向第一课堂倾斜，过于注重课堂教育的实效。教师只是将第二课堂视作课外学生活动，学生参与第二课堂的积极性不高。第二课堂多依靠学生工作系统进行组织开展，导致第一课堂和第二课堂不能深度有效融合，无法实现显性教育与隐性教育的相互促进。

二、思政课程与课程思政的分割

近年来"课程思政"逐渐成为高校教育教学改革的前沿问题，在理论研究与实践推进中取得了较为丰富的成果。事实上，"课程思政"就是要充分挖掘各类专业课程中的隐性思想政治教育资源，实现教育课程的思想价值引领，从而实现各类专业课程与思政课程同向同行。但是思政课程与课程思政的理论与实践联系在一起时，容易出现"两张皮"的现象，从而导致思政课程与课程思政的分割。

一是思政课程本身就受到其他课程的挤压。思想政治理论课教学具有知识

---

① 任成、乔宏柱、姚沫男：《高校思想政治第一课堂与第二课堂协同育人理论研究》，《教育教学论坛》，2021年第28期，第28页。

传授、价值引领、规范学生思想道德行为的关键作用,但是由于思政课程的改革创新力度不够,以致教学实效性不强,对学生思想价值引领不够。二是课程思政施行浅显,没有真正挖掘思想价值元素,挖掘的教育资源无法与思政课程理论知识深度融合。"课程思政是一种比较新的教育教学思想,现阶段只是一味地让专业课老师在课堂上硬性混乱地添加,起到的效果不佳,甚至诸如理工科专业的老师自身就缺乏相关思政知识。"① 从而将课程思政做简化和窄化式理解,没有真正起到思想价值引领的作用。三是各类专业课教师思政育人情怀与专业教学素养的并重性不足,在教育教学中难以吸引与感染学生,未达到思政课程与课程思政的显隐结合教育效果。

三、校内学习与校外实践的分割

大学生思想政治教育主要是在高校校内进行,思想政治理论课作为大学生思想政治教育的显性教育,对培育和塑造学生正确的价值观具有重要的作用。而校外实践则是隐性教育,需要挖掘具体的思想政治教育资源。显性教育与隐性教育的变奏,是反映不同时代思想政治理论课改革创新的重要标识。

目前,尽管通过思想政治教育的发展与建设已经形成了一系列规律性认识和成功经验,希望构建一个大思政的教育体系,但是在校内进行思想政治理论课的学习过程中,往往会忽略校外实践的联系与联动,同向同行的协同效应还存在进一步发挥的空间。高校在进行教育的过程中,要重视立德树人的育人目标与价值旨归。通过立德的知识培养,着重强调培养人才与塑造人才的关键任务。实践是个人成长成才的重要指标,需要在实践的沃土中深耕对于马克思主义基本理论的认识、对社会主义核心价值观的认同与践行,从而实现个人的自我塑造与自我培育。但是,高校思想政治教育校内学习与校外实践在一定程度上仍然处于分离的状态。

一方面,高校思想政治理论课的开展是在专业教师的教育与指引下进行的,学生跟随着教师的课程接收专业理论知识,在教师权威下的学习始终还是会有一定收获。以教师为主导的校内学习充分体现了思想政治教育显性教育的功能与特点,在一定程度上影响着学生的思想品质与价值选择。但正是因为校内学习的权威性与主导性,忽略了学生的主观价值需求,也易使学生产生逆反心理,

---

① 程品ññ、王爽、周德水:《"三全育人"视域下第二课堂育人路径研究》,《绥化学院学报》,2021年第41卷第8期,第112页。

这就需要挖掘校外实践的隐性教育资源与显性教育进行协同。另一方面，校外实践一般是以学生为主导且自由参与的社会实践活动，这种校外实践活动不同于学校组织的实践活动，往往没有专业教师参与，主要取决于学生自己在社会实践中的锻炼和学习，以此提升自身的思想感悟与道德品质。但在校外实践过程中存在一个现实问题，那就是学生缺乏相关实践经验，易被社会的不良之风影响。校内学习与校外实践的分割不利于显性教育与隐性教育的融合。

第三节 大学生思想政治教育中显性教育和隐性教育融合的基本要求

基于大学生思想政治教育中显性教育与隐性教育融合存在的问题，总结其融合需要达到的基本要求，是有效进行显性教育与隐性教育融合的关键。

一、树立"三全育人"理念

高校思想政治教育"三全育人"是由主体要素、过程要素和方位要素构成的。高校需要树立"三全育人"理念，将思想政治教育融入育人的全过程和全方位，并调动全员对学生进行德育的培养。

首先，注重全员育人。国内对于全员育人有两个方面的解释：第一种解释是从广义的基础上阐释全员育人是"全学校、家庭、社会、学生'四位一体'的育人共同体"[①]。而第二种解释则认为全员育人是限定在"高校"范围内，认为高校全体教职工是育人的全员主体。笔者以后者观点为主要理论依据，认为"三全育人"中的"全员育人"是基于高校全体教职工而开展的。高校思想政治教育"全员育人"需要各职能部门发挥统筹协调的作用，需要学校党委部门制定落实顶层设计的关键内容，而后布置任务给课程教师主体、辅导员及学校各行政职能部门等，充分发挥各部门人员的协调教育作用，调动其主观能动性，构建协同育人长效模式。

其次，重视全过程育人。高校全过程育人强调教育过程的重要性。对于大学生而言，全过程育人就是从学生入学到毕业、期初到期末、低年级到高年级，

[①] 梁伟、马俊、梅旭成：《高校"三全育人"理念的内涵与实践》，《学校党建与思想教育》，2020年第4期，第36页。

学校学习生活再到毕业、就业这个不断成长的过程育人,并将育人渗透在具体每一堂课、每一个星期、每一次活动及每个节假日。高校全过程育人强调育人时间的连贯性,具有时间属性。而在这个过程中高校就需要重视学生从懵懂到成长所发生的蜕变,其中包括学生生活以及实习的过程,要注重学生的心理需求及情感变化,紧抓各个时期的育人工作。在这个过程中,高校教师也要知道教育的重点内容,抓住关键教育节点,构思思政课程的衔接机制,推动育人的系统性和完整性。

最后,注重全方位育人。全方位育人具有空间属性,注重学校的环境要素,通过学校举办的校园文化活动、各种知识类竞赛、征文比赛、社会实践活动、专家专题科研讲座等不同的教育方式开展育人工作,可以与课堂教育相协同,让学生在亲身体验中修身立德,在学术研究中发展创新,在优秀文化的熏陶中坚定信念,促进思想政治工作的有效运行。

案例十三在《就业助力学业共促学生成长的实践》中,辅导员通过正向的引导,帮助学生树立正确的就业观,让学生对自身有更精准的定位、对当前就业环境有更清楚的了解,学生也乐意接受相关教育内容,这种"双向的奔赴"使得教育效果更加显著。该案例充分凸显了显性思想政治教育的优势,为高校思想政治教育工作的开展提供了经验和借鉴。

【案例十三】

就业助力学业共促学生成长的实践[①]

一、案例背景

本案例既是对小李同学就业问题的分析探究,同时也是对我国大学生就业现状的分析探究,希望通过案例分析给大学生树立正确职业理想提供参考与建议,使大学生能够在未来的就业中更好更快地适应社会现实,找到理想与现实之间的平衡点,不空谈理想抱负,能够将美好的理想巧妙融进现实中,能够更好地实现人生价值,同时也能够为大学生职业理想教育提供建议与指导,为高校职业理想教育提供新的方向。

"回想我的就业之路感觉真是悲哀,小时候想当科学家,中学时想当企业家,大学时想当一名白领,可到临近毕业时我只想要有个稳定的工作就知足……"这是小李的感慨。

[①] 本案例由西南科技大学王娇提供。

小李从小梦想成为一名科学家，别的小朋友都在玩游戏、看动画片时，他却热衷于学习知识。他认为，只要自己认真学习就一定能成为一名科学家。怀揣着心中美好的梦想，但是他不知道为了实现自己的梦想该如何努力、如何学习。进入初中后，学习特别紧，小李每天忙着上课和补习，忙得他连喘息的时间都没有，更没有时间想自己的科学家梦想，渐渐地他觉得梦想离自己越来越远了。学习究竟为了什么？他感到有些困惑和迷茫。上高中时，由于理科成绩不理想，小李选择了文科，成为科学家的梦想也就彻底破灭了。在综合多方面考虑后，小李决定以后要做一名企业家，因此，报考时选择了管理类的专业。虽然第一年以三分之差与理想院校失之交臂，但小李并不愿放弃。第二年他终于如愿考取了理想的学校和专业。这次的成功使小李信心大增，他立志要做一名成功的企业家。

二、案例内容

怀着做企业家的梦想，小李进入了大学。他认真学习专业课，希望自己有过硬的管理知识。但随着学习的深入，他发现并不是学好专业知识就能当好企业家。企业家需要拥有一定的能力，这样才能够完成目标，例如分析问题的能力和解决问题的能力、用人的能力、开拓新工作思路的能力、指挥整个团队的能力等。可是，他觉得自己只会死学课本知识，根本不具备开拓能力、指挥能力，遇事也常常犹豫不决。企业家的梦想渐渐破灭了，小李觉得大学毕业能当个白领就行了。可是，到大四参加了几次用人单位的招聘会之后，他发现就业竞争十分激烈，当个白领恐怕是不可能了。多次就业碰壁之后，他渐渐觉得自己能有个稳定的工作就知足了。

案例中描述的小李的事例是当前大学生普遍存在的职业规划冲突型问题。大学生职业生涯规划是指根据自己的兴趣，将专业知识和知识结构结合起来慎重分析个人特性来定位未来工作计划。学生进入社会之前，把现实环境和长期计划结合起来，明确自己的职业生涯规划，是求职和专业发展的重要因素。职业规划的重点是找到满足自己发展需要、符合个人职业生涯、使个人价值最大化的职业方向。

案例中小李的职业规划冲突的原因主要有以下几点：

第一，小李缺乏职业规划的知识。受应试教育的影响大部分学生在高考前只知道埋头苦学，对社会的了解知之甚少。小李很少有足够的时间思考自己的需求和兴趣，了解自己的人格、能力和价值观。对小李来说"职业生涯"是非常遥远的话题，他虽然想对自己的未来进行规划，但他根本不知道什么是生涯，什么是职业生涯。小李从小学到大学都有自己的梦想：他想成为科学家和企业家,但那不是真正的职业规划,没有客观理解和分析自己和劳动市场。小李对职业规划意识的缺乏导致了他的工作理想和现实之间的对立。

第二,就业与现实理想的对立无法妥善处理。在这种情况下,小李盲目地决定了他的理想和目标,制定的职业目标脱离了自己的现实状况。目标设定是职业规划的关键,职业目标的设定是大学生持续成功的动力。职业目标是个人对未来职业的强烈追求和愿望,是个人对未来职业的愿景和计划。但是小李的职业理想和现实发生对立的时候,他没有积极调整,只是盲目地降低对理想工作的要求,从而陷入了进退两难的求职境地。

高校辅导员是提高学生职业规划意识的重要力量。针对上述情况,结合小李的职业规划,辅导员应该从以下两点开始对其进行指导。

第一,实施积极的普遍教育,提高早期计划的意识。职业规划是找到适合自己发展需要的职业,实现个人和职业之间的适宜性,实现个人价值的最大化。辅导员鼓励小李进行职业生涯规划和设计。大学生不应该在最终学年之前才开始进行职业规划,而需要从大一开始精心准备,辅导员可邀请就业创业相关专业人士开展讲座,为学生的职业生涯规划营造良好的氛围。邀请优秀毕业生回到学校,与学生交流,定期召开就业会议。邀请退休教师和主要骨干教师谈论职业发展的状态和将来的就业动向。以本校专业或就业趋势等为主题组织活动,或者与其他大学合作,提供垂直水平的职业实习训练等,模拟具有职业沉浸感的环境,鼓励学生尽快明确目标。

第二,鼓励学生明确职业发展目标。伊利诺伊大学的Swain教授提出关于职业目标的决策基于"自我""环境""教育和职业"三个方面。在这种情况下,对于他的职业目标偏离现实等问题,辅导员通过提供关于"个人探索""环境勘探"和"教育和职业"的信息,有助于辅助其设定职业发展目标。总的来说,辅导员应该做好以下具体工作。

首先,帮助学生探索,提高学生自我评价的精度。学生只有正确认识自己,明白自己的优势与缺点,摆正自己的定位,才能做好职业规划。在做职业规划的过程中需要分析个人的性格、知识、兴趣、特点及能力等因素,清楚自己的人生追求与价值目标,清晰规划自己的职业。在决定大学生的职业目标时,辅导员必须指导他们综合考虑学生的各个方面,包括专业知识、性格特性、价值观等综合因素。

其次,引导学生理解外部的职业环境,提高专业竞争力。专业认知主要包括对专业因素和环境因素的知识和理解。辅导员需要分析对学生自己来说理想的环境因素和不理想的环境因素等。需要通过各种动态、静态,主观、客观的维度，定期向学生提供教育和专业信息，包括学校的职业规划指导、现场研究、与学长学姐进行访谈等。此外，学校尽可能地为学生提供实践交流的平台，以此引导学生学好专业基础知识，并将其灵活运用于社会实践，提高学生就业的综合竞争力。辅导员需要积极构建社会实践和教育实践的基础，为学生的实习、实践建立平台，深化学生的就职体验，让学生能够亲身体会社会中多种职业的工作需求。

最后，综合分析自我定位和工作环境，设定适当的职业目标。职业目标的确定是大学生持续成长与成功就业的重要影响因素。职业目标基于个人才能、人格、兴趣和环境。所以，辅导员必须引导学生充分考虑具有必要专业素质的兴趣、能力、性格特性和专业因素的对应度。一方面，辅导员可以指导学生列出他们认为今后几年需要做的十件事。同时，辅导员可以要求学生根据自己的需求、优点、缺点和机会确定短期目标和长期目标。另一方面，引导学生确定与自身特点相适应的目标。通过运用 SMART 原则为学生制定目标，这个原则一般在设定工作目标时使用。具体地说，S 代表着具体，在设定绩效评价目标时，必须具体，即目的不能抽象和模糊。M 代表着可测量的，即目的必须是可测量和可定量的。A 代表着可以实现的，也就是目标具有一定的高度，必须有挑战性，必须是可以实现的。R 代表着相关的，即目标集必须链接到职位的专业责任。T 也就是目标规定在什么时间阶段内要完成。采用 SMART 原则确立职业生涯的目标，能够很好地解决大学生就业目标不明确的问题。

三、案例分析

针对以上案例，以下采用 SWOT 方法分析大学生就业择业工作中的就业帮扶工作。SWOT 分别代表：Strength（优势）、Weakness（劣势）、Opportunities（机遇）、Threats（威胁）。

（一）Strength（优势）

帮助毕业生顺利就业是目前高校就业工作的重中之重。就业问题事关国计民生、事关社会的稳定，大学生就业问题已引起了相关政府职能部门及全社会的高度关注。

就业帮扶能为毕业生，尤其是为家庭困难的毕业生提供有效帮助。通过就业帮扶机制，准毕业生能够全面了解就业环境和就业背景，掌握相关就业信息、提升就业信心、明确就业方向，为进入职场做好准备。

就业帮扶通过多种形式，全方位为毕业生提供帮助。通过定位教育、就业准备教育、求职技巧指导、就业心理指导、从业指导、国家政策辅导等多渠道帮助毕业生就业。

（二）Weakness（劣势）

就业援助的形式较为单一。针对近年来学生就业较为困难的现状，很多高校利用国家发布的相关就业政策开展就业教育、拓展就业市场、组织各类专场招聘会等。但是，从整体上看，这些援助措施的内容比较单一与重复，没有从根本上解决大学生正确树立职业理想的问题。

就业援助没有考虑事先干预。大学为了照顾学生和支持就业而投入大量人力、财力，但在职业教育、就业指导和服务等教育链接上缺乏密切的合作，容易忽视个体差异，因此，也有一毕业就失业的大学生，这让大学生感到十分无奈，同时也不知道该做些什么解决问题，他们整体上对于职业生涯是十分迷茫的。

资金和团队不足。就业服务一般不会在学生就业潜力的提高上投入核心资金，教育部门也不会在学生职业生涯规划和一般职业训练上使用大量资金，因此用于提高学生就业的资金严重不足。而且高校用于就业指导与管理部门的人员数量有限。大学的就业辅导人员通常是由各年级辅导员兼职负责的，专职辅导人员的时间精力投入严重不足，难以实施全面详细的就业援助。

（三）Opportunities（机遇）

在人才培养方面，高校往往不满足软实力的训练条件，有些高校师资水平与学生人数相比存在严重的不对称的问题，导致高校不注重培养学生的实务能力和就业能力，因此会出现就业困难的现象。

有些高校在专业框架划分中没有满足社会与市场的需求，很难适应国家经济开发模式的变革和专业结构调整中产生的职业、工作职位的急剧变化。以上种种导致的直接结果是毕业生很难适应人才市场的需要。

职业指导和职业生涯规划教育的相对缺乏。成功的职业指导和职业生涯规划培训有助于学生设定适当的学习目标，为成功奠定基础。我国大部分大学生的职业指导和职业生涯规划教育都存在教师薄弱、教育课程与程序设置不标准等问题。

在高等教育的快速发展过程中，高校往往无法协调规模和质量、效益和就业的关系，有些毕业生存在就业困难等问题。这是大学生参与就业援助活动的机会，同时也是高校解决大学生就业困难、为广大毕业生提供就业援助的契机。

（四）Threats（威胁）

随着高校毕业生数量的增加，毕业生面临的就业形势日益严峻，开展大学生就业工作遇到的困难也因此升级。

部分高校毕业生对就业帮扶工作有抵触态度。学生无法准确定位自己,其就业压力导致的心态变化使帮扶工作开展遭遇困难。

一些高校对就业工作,尤其是就业帮扶工作不重视,导致帮扶工作开展起来困难重重。

通过上述分析,做好就业帮扶工作还需要解决以下几个方面的问题:

就业帮扶方式仍需拓展。就业帮扶内容形式单一,缺少从根源上解决问题的机制办法,不利于毕业生的普遍就业。拓展就业帮扶渠道,提高就业率。

就业帮扶人员涉猎行业范围要广。同学院同专业的毕业生就业方向类似,但是在不同领域就有所不同。因此,就业帮扶人员涉猎的行业范围要尽量广泛,给毕业生提供更加适合的就业机会。

需要校院两级领导的引导和对接。校院两级领导在毕业生就业方面拥有丰富经验,能够给予毕业生一些建设性意见。同时校院两级领导在就业帮扶人员和毕业生中协调,有利于毕业生的就业。

端正毕业生的就业观和职业观。刚步入社会的毕业生缺乏对自己的正确定位,对就业的形势也缺少了解,校院要加强教育辅导,端正毕业生的就业观和职业观。

二、挖掘思想政治教育资源

在思想政治教育显性教育与隐性教育的融合过程中,要充分挖掘思想政治教育资源,特别是对隐性思想政治教育资源进行深入挖掘。

首先,挖掘校风校训资源。随着高校的不断发展,悠久的文化传承不断塑造着校风校训文化,并以其特有的待人接物方式影响高校大学生的思想观念和行为方式。校风校训是高校经过多年发展沉淀下来的产物,是抽象的融合体,包括多个方面的内容。校训是每个高校根据校园的独特历史文化所淬炼的精华,校风是一个学校各种风气的总和,是学校在办学过程中长期积淀而形成的风气,是能在校园内部甚至社会上产生影响力的思想和行为,包括学校领导的处事风格、教师的独特魅力及学生良好的学风等。所以高校思想政治教育进行显性教育与隐性教育的融合需要充分挖掘学校的校风校训资源,确保高校有效开展思想政治教育。

其次,深度挖掘课程思政的有效内容,构建更加完善的课程思政育人框架。要加强对各门课程、思政课程、教师、学生、辅导员、学工部、学院及学校之间的深度耦合与资源挖掘,理顺课程思政中蕴含的政治认同、道德修养、法律基础、文化修养及家国情怀等具体的思想政治教育资源，形成相互支撑的有效运行体系。专业课教师要自觉加强与思想政治理论课教师的相互交流与沟通，以更好地实现专业课程的育人功能，更好地挖掘专业课程中的思政资源。一方面，通过交叉学科的研究方法丰富研究的论题。比如汉语言文学专业的教师可以挖掘中华优秀传统文化中蕴含的思政元素塑造学生的爱国之情，将课程思政融入课堂教学的全过程，从而达到育人目的。另一方面，要注重时代的发展与变化。课程思政应该重视知识传授与价值引领的协同、导向作用，因为无论是知识还是价值都蕴含着丰富的时代元素。

最后，挖掘当地独特的红色教育资源以开展思想政治教育。"大学生是民族繁荣昌盛的中流砥柱，是红色基因的继承纽带，在高校思政教育中引入红色文化资源是要因时而进、因势而新的，是符合时代发展要求的。"[①] 红色文化资源为高校思想政治教育提供了丰富的内容，所以需充分挖掘当地的红色文化资源开展思想工作。此外，还要注重日常生活中的微小细节，深耕思想政治教育的资源之地，注意各种榜样人物的英雄事迹，挖掘其蕴含的思想政治教育资源，丰富大学生思想政治教育内容。

三、共享思想政治教育平台

推进大学生思想政治教育显性教育与隐性教育的融合需要构筑思想政治教育的共同域，共享思想政治教育平台。

一方面，要借助网络平台，构建智慧课堂等云课堂体系，在思想政治理论课教学中共享教育平台。随着互联网的高速发展，传统思想政治教育受到了一定的挑战，其有形的课堂壁垒与时间限制在网络平台的冲击下降低了思想政治教育的有效性和感染力。而借助网络可以将传统显性思想政治教育与网络思想政治教育资源相结合，以打造智慧课堂及慕课的形式共享网络思想政治教育平台。智慧课堂借助网络新媒体，打破了时间和空间的限制，实现了线下的有形课堂与线上的无形课堂的有机结合。各种新媒体的交流方式突破了传统课堂的课前预习、课中检测及课后巩固等教学形式，提高了思想政治教育的连续性，使教学时空得到了有效延伸。教育者以智慧课堂的形式使隐性思想政治教育所倡导的体验式教学、互动式教学、沉浸式教学与感悟式教学得以在显性思想政

---

① 李燕：《新时期下挖掘广西红色文化资源强化思想政治教育的策略》，《高教学刊》，2021年第13期，第189页。

治教育中渗透。尤其是这种借助网络的教学方式凸显了学生的主观能动性，开放自主的平台使学生乐于在课堂中发表自己的独特观点，实现教与学的双向互动，也拉近了教师与学生之间的心理距离，为学生平等表达观点、参与课堂提供了可靠平台，实现了网络新媒体与传统思想政治教育的结合，也凸显了显性教育与隐性教育的平台共享。

另一方面，搭建思想政治教育共享平台，从高校顶层设计到基层实施都要统筹谋划和共同施行。首先，高校要做好思想政治工作育人体系的总体方案，其他部门要协同实施，特别是高校思想政治理论课的专职教师一定要提升自身的专业素质，加强课堂教学的正确引导，通过学校整体的教育资源引领学生的思想价值与行为规范，借助学校的公共资源，各职能部门协调推进高校育人体系的建设与完善。其次，要强化网络思想政治教育，共筑线上与线下的思想教育体系。随着互联网对于大学生日常生活的融入，大学生日常的学习、生活与娱乐都离不开网络，依附于互联网的全新生活形态促使思想政治教育需要关注网络中的生活百态。网络思想政治教育是借助网络才得以开展的，但始终要回归现实生活场景，所以网络不仅是隐性思想政治教育的平台，也是传统显性思想政治教育应该关注的平台，共享思想政治教育平台才能更好地推动思想政治教育的创新与发展。最后，依托新媒体创造显性教育与隐性教育相结合的新平台。数字网络信息技术的全新发展，使得传统媒体在发挥思想政治教育功能时受到了前所未有的挑战。"基于新媒体的高校隐性思想政治教育载体开发正是利用'互联网+'时代所带来的机遇，在隐性思想政治教育载体上加大开发创新，从而从根本上推进新时代高校思想政治教育的发展。"[①]

同样的道理，思想政治理论课作为显性教育也需要利用一定的新媒体进行线上与线下的沟通与交流，借助各种网络新媒体平台加强与学生的对话交流，关注学生的内心需求与心理偏好，以此掌握大学生思想状况动态，因时进行思想政治教育，通过共享思想政治教育平台，从而实现显性教育与隐性教育的融合发展，促进高校思想教育的发展，更好地培育时代新人。

案例十四《传统文化知识竞赛：加强学生理想信念教育的新平台》以某高校组织开展的"墨香千年"中国传统文化知识竞赛活动为例，一方面挖掘传统文化知识作为思想政治教育资源，增强学生文化自信；另一方面，竞赛平台符合学生的认知特点和兴趣关注点，既是创新型活动，可丰富校园文化生活，又

[①] 章波：《新媒体视域下的高校隐性思想政治教育载体开发探究》，《广西科技师范学院学报》，2021年第36卷第3期，第95页。

是校院（系）多部门和多层级联合打造，可调动多方学生参与的良好教育机制。竞赛平台极大地丰富了教育方式。

【案例十四】

传统文化知识竞赛：加强学生理想信念教育的新平台[①]

一、案例背景

随着网络信息的迅速传播，各种文化思潮不断涌入。青少年正值个人理想信念塑造与形成的关键时期，首先，在各种文化与思潮的影响下需要提升自身文化修养，坚定文化自信，否则很容易被别有用心的人引入歧途，进而做出不利于身心健康发展、不利于职业生涯规划的错误选择；其次，网络媒体发达、青年学生心理需求发生变化，App短视频、即时通信软件及网络流行语中泛娱乐主义的发展，导致大量负能量信息的传播加速，不利于高校大学生树立正确的理想信念；再次，当前高校学生"00后"群体较多，这一群体个性鲜明、思维更为活跃，因此，在对这一特定对象进行理想信念教育的过程中要尤其注意方式方法，不断更新教学理念，创新线上与线下的教学模式等。总而言之，面临新时代文化传播内容良莠不齐、传播途径与方式有待改进的新背景、新情况，高校要通过营造良好的校园文化氛围，推动中华优秀传统文化进校园，创新中华优秀传统文化的传播与教育途径，以新时代大学生易于接受、乐于学习的新办法开展信念教育。

二、案例梗概

某高校首届"墨香千年"中国传统文化知识竞赛于2014年举办，竞赛基本分为稳中求胜必答题、一触即发风险题、一战到底PK题、一锤定音复活题几个环节。此外，为了让现场观众能够沉浸式体验活动的乐趣，主办方会在竞赛过程中穿插观众现场互动答题环节及乐器独奏、古典舞蹈、戏剧表演等。

"墨香千年"中国传统文化知识竞赛不仅是知识记忆的竞赛，更是对中华传统文化的普及活动。其目的在于充分发挥中华传统文化的育人功能，同时，促进学生对中华传统文化的认识、理解与认同，营造良好的校园文化氛围。参与该活动的学生纷纷表示，感谢传统文化知识竞赛的平台带给大家的感动和快乐，大家在诗词的世界里体味着美与沉醉，也在传统文化中寻找前行的力量。"墨香千年"中国传统文化知识竞赛活动的开展不仅大力加强了优秀传统文化

[①] 本案例由西南科技大学陈晓燕提供。

高校推进"三全育人"改革实践研究
——基于显性教育与隐性教育融合统一

知识在全校师生中的学习宣传，更激发了学生的爱国情怀。优秀传统文化知识竞赛平台给全校同学带去了快乐，大家在诗词的世界里体味着美与沉醉，也在传统文化中汲取前行的力量，激发同学在今后的学习中静下心来多读经典。"墨香千年"中国传统文化知识竞赛举办的初期，就显现了以寓教于乐的活动形式弘扬传统文化、传承民族精神的优势。比如，2015年12月3日成功举办的该校第二届"墨香千年"中国传统文化知识竞赛总决赛中，两队基础分为100分，共计答题100余道，比赛围绕传统文化知识进行问答。选手在回答名曲《高山流水》、名剧《西厢记》中的相关问题时，主办方还邀请选手上场表演古筝、笛子和京剧，助力学生抢答。无论是饶有趣味的个人必答题，还是团队共答题，抑或是充满挑战的抢答题和风险题，决赛时双方选手表现的传统文化知识素养都让现场的师生惊叹不已。最后，经过四轮的激烈角逐，国学社代表队以330的总分问鼎冠军。

此次传统文化竞赛的新颖形式引起了该校师生以及社会的广泛关注，《科技日报》、四川在线等多家媒体对此进行了相关报道，该活动也在全校范围内有了名气。

该校第三届"墨香千年"传统文化知识竞赛于2016年12月16日举行。第三届的竞赛题目还是围绕传统文化知识而展开的。同时在PK题中还有现场求助选项。在决赛现场，不仅有激动人心的必答题，还有充满挑战的抢答题，双方选手表现出的传统文化知识素养都让现场的师生惊叹不已。经过重重选拔，四个赛区共有八位同学进入总决赛。此外，在传统文化知识的提问环节，主办方还邀请学生上场表演，让人在观看比赛的同时也获得了极大的视觉享受。

该校第四届"墨香千年"传统文化知识竞赛于2017年12月18日在学校东八演播厅顺利举行。第四届"墨香千年"传统文化知识竞赛决赛共分为"先声夺人，掌扼乾坤""披荆斩棘，制胜出奇""巅峰对决，折桂夺杰"三个环节。

比赛第一环节为"先声夺人，掌扼乾坤"，现场依次播放了开场视频、传统文化节系列活动回顾视频及选手自我介绍视频，让现场观众更加全面地了解了本次比赛。视频播放完毕后来自不同学院的八位总决赛选手分别出场就位，每人依次宣读了比赛宣言，选手对总决赛都展现出了极大信心。

比赛第二环节为"披荆斩棘，制胜出奇"。此环节共分为三个部分，分别是"稳中求胜必答题""步步为营线索题"和"险中求胜风险题"。这些题目涉及诗词歌赋、古典名著、文化常识等中国优秀传统文化知识，展现了博大精深的中国文化。第一部分"稳中求胜必答题"分四轮进行,每位选手答题共计四题。经过紧张角逐和激烈的加时赛后,二号选手和八号选手遗憾退场,剩下六位选手进入第二部分"步步为营线索题"。六位选手根据线索选择答题,经过激烈问答之后,五号和六号选手遗憾退场,剩下四位选手进入第三部分"险中求胜风险题"。选手根据分值选择相应难度题目答题,最终,四号选手和七号选手被淘汰,四号选手成为本次决赛的季军。一号选手和三号选手进入第三环节比赛,争夺冠亚军。

比赛第三环节为"巅峰对决,折桂夺杰"。本环节也是总决赛的冠亚军争夺战,现场气氛进入最高潮。来自文艺学院的一号选手和来自外国语学院的三号选手在这最后的答题角逐中都展现了自己深厚的中华传统文化知识基础和极高的知识素养,一度连续正确答题十余道,现场观众掌声雷动。最终,来自外国语学院的三号选手获得了总决赛冠军,来自文艺学院的一号选手获得亚军。

为了让现场观众能够沉浸式体验传统文化魅力,比赛过程中还设计了观众现场互动答题环节及琵琶独奏《霸王卸甲》、舞蹈《春闺梦》现场表演活动,赢得了现场观众的一致好评,营造了良好的传统文化学习氛围。激烈的竞赛中蕴含了丰富的传统文化知识,有力地推动了优秀传统文化在校园的传播,极大地增强了同学的文化自信。

为庆祝改革开放四十周年,传承和学习中华优秀传统文化,第五届"墨香千年"传统文化知识竞赛决赛于2018年12月5日在该校东八演播大厅顺利举行。

第五届"墨香千年"中国传统文化知识竞赛总决赛共分为"先声夺人,掌扼乾坤""披荆斩棘,制胜出奇""巅峰对决,折桂夺杰"三个环节。与第四届"墨香千年"传统文化知识竞赛决赛的设置一致。

"改革四十载,书香忆中华",第五届中国传统文化知识不仅为全校师生传播了优秀中华传统文化,带动学生学习传统文化知识,更引导同学回忆改革开放四十年来取得的伟大成就。中华优秀传统文化的育人功能,在本届传统文化知识竞赛中得到了更充分体现,这对激发广大青年学子的爱国热情、弘扬社会主义核心价值观、营造良好的校园文化氛围、增强文化自信起到了积极的推动作用。

第六届"墨香千年"中国传统文化知识竞赛总决赛,用喜闻乐见的形式引导学生感受传统文化的魅力。本次中国传统文化知识竞赛通过初赛和预选赛,共有八位选手从一千余名报名选手中脱颖而出进入最后的决赛。总决赛与前两届一样,有三个环节。比赛内容既包括时事热点,又涵盖诗词曲律、古典名著、节日民俗、历史文化等。除了文字答题，比赛还采用视频、舞蹈表演、器乐演奏等方式助力选手作答，形式多样，内容有趣。最终，来自制造科学与工程学院的八号选手周同学以稳健的发挥与强劲的实力成功夺冠。

比赛现场精彩激烈，热闹非凡。为让观众也能积极参与答题，体验传统文化，比赛中每个环节结束后设置了现场答题送图书环节等，优美的音乐、灵动的舞姿、飘逸的团扇，让现场观众沉浸在传统文化中。活动的开展不仅加强了优秀传统文化知识在全校师生中的学习宣传，更激发了同学的爱国情怀。同学纷纷表示，感谢传统文化知识竞赛平台带给大家的快乐与振奋，在今后的学习中也会静下心来多读经典，争做中华优秀传统文化的继承者和弘扬者。

三、案例评析

该校"墨香千年"中国传统文化知识竞赛从2014年举办第一届到2020年举办第六届，参与人数一年比一年多，影响范围也逐年增大。从上述的案例中不难发现，每一年的传统文化知识竞赛都有创新。

要做好大学生优秀传统文化教育，首先，要明确中华优秀传统文化对于大学生理想信念教育的意义所在。弘扬优秀传统文化能够营造良好的社会氛围，更好地提升人的综合素养，坚定走文化自信道路。做好优秀传统文化的继承，有助于提升人们的民族认同感和文化认同感，推动社会人人争做中华文化的践行者和宣传者，能够极大地增强文化软实力，增强我国文化在世界文化之林中的竞争力。结合大学生群体的实际，大学生生活的环境、学习的途径比起以前都更为丰富和多样，在面临多种文化冲击的情况下，对大学生群体进行中华优秀传统文化创新教育显得十分有必要，优秀的中华传统文化如同一座知识宝库，蕴含着丰富的教育资源，充分运用好中华优秀传统文化、将优秀传统文化与理想信念教育相结合是新时代育人的必要内容，也是创新培育新时代大学生的重要导向。从上述案例可知，该校自2014年举办第一届"墨香千年"中国传统文化知识竞赛以来，校园中开始了解中华传统文化的学生越来越多，有效提高了大学生学习传统文化的积极性。与此同时，大学生在了解了中华优秀传统文化后，有利于提升其文化自豪感。在大学生教育中注重学习优秀传统文化，对于坚定文化自信道路、扩大中华文化影响力有着至关重要的作用。其次，要做好大学生优秀传统文化教育，还必须与时俱进，让优秀传统文化与教育内容和方法相适应。生搬硬套、照本宣科式的传统文化教育只能适得其反、南辕北辙，给大学生留下不好的受教感受，更坏的情况可能还会使部分大学生对传统文化教育产生反感、抵触情绪。在上述的案例描述中能够发现，该校"墨香千年"中国传统文化知识竞赛活动从创办以来，每一年的具体赛制安排都做出了一些调整，目的在于随着学生群体的变化、时代背景的变化而调整传统文化教育的具体实施方法。现在的大学生接触的新事物更多，思维更加活跃，在对其进行传统文化教育的时候如果不及时更新教育方式就很难达到预期的教育效果。因此，对大学生进行中华优秀传统文化教育提升其信念时，一定要做到古为今用，将传统文化中的精华与当前实际相结合，既要突出传统文化之美，又要彰显时代魅力，以此吸引学生主动学习、积极参与。

第六章 实践进路：搭建显性教育和隐性教育融合平台 创新高校"三全育人"路径

理论为实践服务，理论的概括是为了更好地指导实践，理论的价值是为实践指明方向与道路。新时代大学生思想政治教育的改革与实践需要探寻新的方向路径，传统的思想政治教育一般单方面从隐性教育或从显性教育出发，以此来开展思想政治教育的创新研究。但是思想政治教育的守正创新需要从新的角度思考，深入探析大学生思想政治教育中显性教育与隐性教育融合的现实路径，做到将理论层面与实践层面相统一，努力做到解决现实问题又在实践中发展理论。

第一节 搭建校园文化活动平台推进融合

马克思提出，"人创造环境，同样，环境也创造人"[①]。环境作为个人和社会存在的影响因素，也是开展思想政治教育的重要载体。校园是学习和生活的重要场域，开展校园文化活动有助于培育大学生优秀品格，并且在相对显性的校园文化活动中承载着隐性的教育任务。校园文化活动主要凸显了文化对人的熏陶作用。校园文化作为一种文化形式，包含了许多内在的精神理念及其文化外延，包括校园精神和校园环境等。梳理高校校园文化活动的发展可以为思想政治教育实践提供支持。

一、校园文化活动有关研究

关于校园文化活动，目前有许多学者从不同视角展开了研究。

---

① 中共中央马克思恩格斯列宁斯大林著作编译局编：《马克思恩格斯选集（第一卷）》，人民出版社，1995年，第92页。

首先，是关于校园文化活动的内涵阐释。校园文化活动不仅限于一种文化活动的模式，也包含多种形式。徐晓宁站在校园文化的角度提出："校园文化是指以全体师生为主体，通过各种校园活动运作实现的一种带有学校特色的组织文化，包括校园物质文化、制度文化和精神文化。"① 这就从几个方面将校园文化归于各类，一般情况下开展的校园文化活动多以精神文化的模式营造良好的学校氛围，渲染正派的道德风气，以使学生在潜移默化的文化熏陶中自觉提高道德文化素养，提升自身的道德素质。迟淑清提出："校园文化活动是一种由学校管理者精心设计和组织引导的以学生为主体、以校园为基础，以营造精神环境和文化氛围为手段，以培养社会主义合格人才为目的，全体师生共同参与的一系列活动，其实质是通过活动的开展达到育人之目的。"② 具体阐述了校园文化活动的内涵，重点主要是通过营造精神环境和文化氛围的方式对学生产生一定的影响。高校文化活动一般分为思想引领类、科技竞赛类、文体艺术类、社会实践类等，目前很多高校实际开展了各种各样的校园文化活动，实现了真正意义上的潜移默化的思想政治教育。

其次，关于校园文化活动与思想政治教育之间的关系的探讨。一般而言，校园文化活动中蕴含的思想政治教育资源，通过各种形式的校园文化活动渗透和隐寓于校园文化活动之中。思想政治教育资源能够隐寓于校园文化实践活动，根本就在于思想政治教育与文化的关系非常密切，思想政治教育具有浓厚的文化属性，思想政治教育与校园文化是相辅相成、协同推进的关系，二者相互促进，形成显性教育与隐性教育的合力，共同促进人的全面发展。

其次，关于高校文化活动的功能和意义研究。罗喆认为："高校校园文化建设是思想政治教育的有力助推器。"③ 所以高校应在掌握高校思想政治教育现实状况的情况下，积极开展校园文化活动，丰富学生的课余生活，提升学生的审美趣味，塑造其良好的道德情操，使学生在日常的事务中仍能有效接收政治思想及其核心价值的不断熏陶，使思想政治教育真正实现入脑入心，进而提升高校学生的综合素养。

再次，关于高校校园文化活动开展存在问题的研究。李展、朱新筱提出了

---

① 徐晓宁：《高校思想政治教育与校园文化建设互动模式探析》，《思想理论教育导刊》，2019年第6期，第146页。
② 迟淑清：《论蕴含于高校校园文化活动中的隐性思想政治教育》，《黑龙江高教研究》，2014年第2期，第110页。
③ 罗喆：《高校校园文化建设与思想政治教育深入融合机制探析》，《继续教育研究》，2021年第5期，第121页。

品牌意识缺失的问题，认为"目前，大多高校校园文化活动虽然丰富、多元，但由于流于形式和应景，活动定位不准，缺乏论证、管理和规划，品牌意识缺乏，自然也难以实现持续发展成为品牌"[①]。此外，很多校园文化活动都是学生自发组织的社团活动等，组织资金和形式有限，随意性较大，难以吸引大多数学生来参加体验，所以开展的文化活动对学生的积极影响不足。杨睿等学者认为，"从校园文化活动的参与度可以看出动力源的开发不足导致了活动参与率低下。同时，在激励机制的引导、评价和反馈环节存在严重的问题"[②]。

最后，关于校园文化活动开展的优化路径研究。严敏、邓欢认为高校要构建校园文化育人体系，需要开展特色品牌校园文化活动。学校要注重结合校风、校训举办彰显学校特色的校园文化活动，以此加大校园文化活动的感染力，加强对学生的隐性思想政治教育。[③] 潘向指出，要重视领导班子对校园文化的建设指导，要健全组织领导机构，在制度上形成统一的领导和规划设计，以便层层落实组织任务，带动校园文化组织建设的"点""线""面"的协同推进作用，引领校园文化活动的有效开展。[④]

通过上述对校园文化活动的研究梳理可以发现，很多学者都是从校园文化活动本身的丰富意蕴及校园文化活动对大学生的思想政治教育的影响来探究校园文化活动，多数学者站在隐性思想政治教育的角度对校园文化活动进行划分，从校园文化活动开展的内容和形式方面总结了校园文化活动蕴含的丰富隐性教育资源。综上所述，从思想政治教育的角度看，校园文化活动的开展形式可归为显性思想政治教育资源，活动内容可归为隐性思想政治教育资源。学校开展各种形式的文化活动都是具有一定的主题内容，这个主题内容是具有指向性的内容，不同于课堂教学的理论教学。课堂教学是将大量理论知识通过口语表述的方式在班级课堂集中的空间中传输给学生，以最高效的方式开展思想政治教育教学；而校园文化活动以精神层面的情感熏陶为学生营造舒适缓和的文化氛围，而且以具体活动的开展吸引学生的亲自参加，从而达到体验式的文化感悟。校园文化活动内容和形式的有效契合映射了隐性教育和显性教育的高度融合，因此，需要着重探讨"显""隐"结合的有效路径，探索新的思想政治

---

① 李展、朱新筱：《基于育人功能的高校校园文化活动探析》，《济南职业学院学报》，2014年第4期，第49页。

② 杨睿、刘芸利、黄金雷：《探究高校校园文化活动的现状及对策》，《现代经济信息》，2008年第12期，第125页。

③ 严敏、邓欢：《试析高校校园文化育人体系的优化》，《学校党建与思想教育》，2021年第16期，第36页。

④ 潘向：《高校校园文化活动创新研究》，《科技传播》，2010年第3期，第84页。

教育范式。

二、校园文化活动以文化人融合范式

通过对校园文化活动发展的梳理研究可以看到校园文化活动对高校思想政治教育的重要促进作用。开展校园文化活动主要是以一种隐性的、没有教学任务和教学计划的参与式、体验式及沉浸式的方式，使学生在各种活动中体会思想价值的引领与高雅的文化韵味。所谓校园文化活动主要就是以高校校园为活动开展基地，强调文化对人的影响作用。

文化育人，可以是显性的，也可以是隐性的。从一般意义上来说，学校就是育人的重要阵地，而开展的活动也是用文化"显性"地教育学生。要明白校园文化活动以文化人的实践范式，就要清楚校园文化活动主要包括的类型。从校园文化的特定对象出发，将物质文化、制度文化、行为文化与精神文化四个层次的文化类型，以隐性思想政治教育的方式实践运行。

第一，物质形态的文化育人范式。在这种隐性的思想政治教育中，教育者通过参加这种文化实践活动形成物质形态的文化，从而通过这种物质形态的文化形式影响他人，使人在潜移默化中逐渐受到影响。一所学校的精神面貌反映了整个学校的风气，具有丰富文化内涵的浓郁学风使学生不断受到文化底蕴的熏陶，塑造了学生高尚的思想品德。

第二，制度形态的文化育人范式。马克思曾经说过："人的本质不是单个人所固有的抽象物，在其现实性上，它是一切社会关系的总和。"[①] 每个人都不可能是独立存在的，人在生活中组成一种社会关系的同时，也在创造一种新的社会关系。在这种社会关系里面逐渐探索形成一种规范的行为准则，每个人都在这套标准的行为准则中约束自己的行为，从文化的视角来看，这就形成了一种制度文化。学校作为校园文化活动的载体，形成了专有的制度文化，一定的制度文化也反映了一定的思想观点和价值观念。学校校园文化活动的开展也必然要遵循一定的文化准则和制度规范，学生在制度的贯彻和实践中接受一定的隐性思想政治教育，从而使其思想道德观念符合社会核心价值。

第三，行为形态的文化育人范式。行为文化是人们在实际交往过程中所体现的，是通过人们的互动交流而实现的。以高校为例，教师与学生之间的教学

---

① 中共中央马克思恩格斯列宁斯大林著作编译局编：《马克思恩格斯选集（第一卷）》，人民出版社，1995年，第56页。

互动、娱乐互动或是日常交往过程的互动，都体现了一个学校的整体风气。学生不仅与教师之间存在交流互动，而且学生与学生之间、学生与辅导员之间的交往互动都使学生在校园文化的层面下受到感染和熏陶。行为文化对学生发挥着"无声之教"的效用，虽然没有直接将知识大量地灌输给学生，但是就实际效果而言，行为文化的影响力往往比正面的灌输教学更使学生感到深刻和有效。除此之外，学生日常中更多的是与同学的交流，朋辈群体之间的相互影响很多都是受到各自的行为而产生的。

第四，精神形态的文化育人范式。"精神文化化人不是讲以精神文化实物教化人，而主要是强调以一定的精神文化氛围感染人。"[①] 在日常的生活中，人们总是处于一定的精神文化中，而且在不知不觉中受到熏陶和感染。隐性思想政治教育注重在显性的文化活动中传递思想精神，而且通过校园文化活动传播和巩固，以此发挥校园文化对人的教化作用。以某高校连续举办的"墨香千年"中国传统文化知识竞赛为例，通过竞赛的方式调动学生的参与积极性，不仅可以传播中国传统优秀文化知识，也可以使参与的学生与观看的学生共同感悟优秀文化的丰富魅力，寓教育于校园文化活动是一种生动活泼的隐性思想政治教育的表现形式。

除了举办传统文化知识竞赛，很多大学也非常重视校园活动中的典礼文化。为了更好地发挥高校文化育人作用，激励大学生奋发进取、锐意笃行，一些大学在近几年组织了形式多样、内容丰富的典礼文化活动。通过典礼文化活动让大学生意识到自己身份的转换，例如统一举办大学生成人礼，让大学生明白自己从未成年人向成年人的身份跨越，无论是在校园还是在社会，作为成年人都应该为自己的言行举止负责，更应该提高自身的专业知识水平与综合素质能力。成人礼作为这种身份跨越的重要典礼仪式，具有极强的渗透性，潜伏弥散在整个校园之中，契合了大学生的生长发展。各种形式的典礼文化活动使大学生明白自身的使命与任务，肩负起实现中华民族伟大复兴的历史重任。大学举办的各种形式的校园文化活动正是促进显性思想政治教育和隐性思想政治教育融合的具体实践范式，以不同形式的文化活动潜移默化地传递不同的教育内容，使学生在活动中感悟文化和领悟知识，从而实现高校育人目标。

---

① 白显良：《隐性思想政治教育基本理论研究》，人民出版社，2013年，第211页。

【案例十五】

典礼文化：加强学生理想信念教育的新探索[①]

一、案例背景

2010年，华中科技大学校长李培根院士的一段毕业典礼致辞视频在网上"火了"，让大家看到了一位幽默、睿智的校长。短短16分钟的演讲被掌声打断了30次，全场同学激情澎湃。近几年，全国各地高校都陆续开展了越来越多、形式多样的典礼文化，某高校密切结合本校学生特征，根据学生培育过程的各阶段、各时期的不同特征，针对性地开展了一系列典礼文化活动，对于不同年龄阶段和成长阶段的大学生起到了良好的理想信念教育作用。

二、案例梗概

为了更好地发挥高校文化育人作用，激励大学生锐意进取，某校组织开展了开学典礼、毕业典礼、成人礼、年度十佳励志人物颁奖典礼、年度优秀学生颁奖典礼、本科生优秀实习成果颁奖典礼等形式多样、内容丰富的典礼文化活动，充分激励学生成长成才。

2013年11月22日晚，该校第四届成人典礼在学校东八演播厅隆重举行。800名各学院新生代表欢聚一堂。新生在国旗下庄严宣誓："天地为鉴，国旗为证，十八而志，青春万岁。"作为新生教育和校园文化艺术节项目，第四届成人礼融合了慈善公益、青春励志、社会实践等元素，陆续开展了"以爱之名，让爱流动"义务献血、"与梦齐飞"城市生存挑战赛、"我的十八岁"主题演讲比赛、"成长之路"励志讲座等系列活动。

此次活动以学生喜闻乐见的形式积极营造了和谐向上的良好校园文化氛围，旨在弘扬和传承中华民族的优秀传统文化，推动青年学子从"未成年人"向"社会人"的良好过渡，努力实现自我超越，引导大学新生增强成人意识、社会责任意识和历史使命感。

2014年11月30日，该校第五届成人礼晚会暨颁奖典礼在东八演播大厅隆重举行。晚会上，全国优秀教师为城市生存挑战赛的前三强团队颁奖，获奖队员也向大家分享了其参赛的感悟。晚会还揭晓了由各学院推荐、网络公开投票、专家评委和大众评委现场评选出的"十佳道德模范大学生"，与会嘉宾分别为获奖同学颁奖。

第五届成人礼系列活动以践行社会主义核心价值观和弘扬中华民族传统文

---

① 本案例由西南科技大学陈晓燕提供。

高校推进"三全育人"改革实践研究
——基于显性教育与隐性教育融合统一

化为主题，包括世界成人礼文化展、"最美道德大学生"模范人物评选、义务献血、城市生存挑战赛、法制讲座和成人礼盛典等，随着活动的推进，进一步增强了该校新生的成人意识和责任意识。

2015年11月24日晚，"十八青春志"成人礼晚会在学校东八演播大厅隆重举行，该校2015级800余名新生代表在国旗下发表成年宣言："天地为鉴，国旗为证，十八而志，青春万岁。"青年学子们以行动鉴成长、用才华抒壮志，以丰富多样的形式献礼十八岁。

为期一个月的成人礼活动包括自愿献血、社会实践、励志电影展播。2015年10月22日，由该校绿浠无偿献血志愿服务团队号召发起的"以爱之名"义务献血活动在107广场顺利开展。该校265名青年学生共计献血76600毫升，刷新了学校学生单次献血纪录，他们用爱心和实际行动迎接自己的18岁成人礼。2015年10月30日—11月1日，成人礼系列活动之"与梦齐飞"城市生存挑战赛在绵阳市区开展。来自各学院的15支团队参加了比赛，45名新生用30元启动资金完成了在市区工作、生活两天的挑战，通过打工、创业等方式赚取生活费，检验并锻炼了自己的独立生活能力、沟通协调能力和社会适应能力。城市生存挑战赛所得的全部收入都用于购买暖冬用品，并以该校名义捐赠给了龙门镇敬老院的46名老人。2015年11月12日，"十八青春志，中国好公民"主题演讲比赛在法硕报告厅举行，15名新生的精彩演讲展现了当代青年大学生青春勃发的精神面貌和对成长成才的理性思考。文艺学院同学摘得冠军。2015年11月14日，大学生励志电影展播在东八演播厅举行。本次电影展播播放的是1998年柏林电影节金熊奖获奖影片《心灵捕手》，旨在感化青春心灵、传播青春正能量。学生纷纷表示，18岁是人生新的开始，相信自己会坚定地走好人生的每一步。

2017年11月23日下午，该校第八届"十八青春志——青春的底色是奋斗"成人礼晚会暨颁奖典礼在东八演播大厅隆重举行。典礼开场，本届成人礼系列活动之一"与梦齐飞"城市生存挑战赛的精彩花絮映入眼帘，各位参赛选手用自身的行动与坚持诠释了"青春无畏"的精神，给在场观众留下了深刻的印象。学校党委副书记代表学校党委为2017级新生送上礼物——《习近平的七年知青岁月》，经济管理学院同学作为学生代表从书记手中接过书籍，也接过了学校赋予全体学生的期望。

随着音乐响起，"汉代成人礼"节目徐徐开启，通过演绎端庄典雅的传统礼仪为典礼留下一抹美轮美奂的色彩。2017级新生起立宣誓："天地为鉴，国旗为证，十八而志，青春万岁。"同学纷纷表示，18岁是人生新的开始，将珍惜大学四年宝贵时光，做一个有担当、有魄力的成年人，坚定走好人生的每一步。

作为新生教育和校园文化艺术节项目，本届成人礼融合了慈善公益、青春励志、社会实践等元素，先后开展了"与梦齐飞"城市生存挑战赛、"致四年后的自己"时光胶囊征集活动、"奔跑吧，青春"户外定向越野赛、"以爱之名"义务献血等系列活动。据悉，每位到场的2017级新生都获得了一枚"成人纪念勋章"。心怀梦想，脚踏实地，相信他们能在学校书写人生的精彩篇章。

为弘扬和传承中华民族传统文化，进一步增强青年学生的成人意识，2018年11月10日—12月4日，该校第九届"十八之志·青春的底色是奋斗"成人礼系列活动顺利开展。11月10—25日，原"城市生存挑战赛"的升级版"创营未来"城市创业挑战赛拉开序幕。在3位创业导师的带领下，来自各个学院的16名创客们用300元的启动资金，在短短15天内，将自己的奇思妙想化为创业实践。11月17日，"以爱之名，让爱流动"义务献血活动在学校东区游泳池门口顺利开展。该校188名志愿者参加了成人礼义务献血志愿活动。11月18日，应用技术、法学、经济管理、外语四个学院新生联合参加的"奔跑吧，青春"专场成人礼在西山校区举行，通过户外定向越野竞赛，2018级新生以拼搏奋斗、团结协作的精神完成了从未成年到成年的跨越。12月4日晚，"青春的底色是奋斗"成人典礼在学校东八演播大厅举行。学校党委副书记，党委宣传部、党委学工部及各学院相关负责人，学校部分教师及辅导员代表与新生们齐聚一堂，共同见证了2018级新生成人礼。

"汉代成人礼"通过演绎传统笄冠之礼，重现汉代礼仪之风。学校党委为2018级新生送上礼物——《枢纽》，经济管理学院同学作为学生代表接过书籍，也接过了学校赋予全体同学的期望；文艺学院滕同学用《一封家书》一文分享了入校以来的感悟，抒发了她对家人的思念、感激之情；法学院老师的主题演讲鼓励新生们趁青春努力奋斗，做最好的自己；经典诵读《青春中国》振奋了在场每一名青年学子。

闭幕式上，2018级800余名新生代表在国旗下庄严宣誓："天地为鉴，国旗为证，十八而志，青春万岁。"他们纷纷表示将以责任和目标为导向，在人生的新征程中，努力为青春涂抹靓丽的色彩。

三、案例评析

该校成人礼从2010年第一届开办以来，得到了师生和家长的广泛好评，给青年大学生在迈入人生成年阶段留下了美好的青春记忆，更为重要的是通过极具仪式感的方式让成年大学生树立正确的信念，激励大学生为了自己的青春梦想而不断奋斗。成人礼活动的组织和开展，对于大学生思想政治教育工作发挥了极大的作用。

历届"成人礼"活动都有不同的活动策划、仪式策划，主张学生主体参与的重要性。比如，第六届"成人礼"的系列活动安排有社会实践、自愿献血环节，通过社会实践让即将成年的大学生亲身体验社会中的工作实践，参加了此项社会实践活动的同学当时也纷纷表示能够更好地感受到社会实践过程中工作的辛劳与不易，要珍惜劳动成果、保持节俭的个人感悟。"成人礼"典礼文化的系列活动对于学生的教育都是基于学生亲身参与社会实践活动的深刻思考和情感升华，帮助大学生站在更多人的角度和立场理解和思考问题，从而形成正确的价值观念。

实践教学是理论教学的补充，必须将实践教学和理论教学相结合，才可以构成一个完整的系统。只停留在高校学习阶段的理论知识对于大学生成长成才关键期的信念塑造的影响显然是不够的，将高校学习中的课本理论知识与课程实践、社会实践相结合，借助高校典礼文化系列活动开展理想信念教育实践教学工作十分必要。在第八届"成人礼"活动中，文学与艺术学院同学用《一封家书》一文为同学展现了她与父亲相处的点滴趣事。主办单位与该同学的父亲提前联系，该同学父亲突然出现在舞台，父女二人深情拥抱成为典礼的一大亮点。活动主办单位借助该同学与其父亲的典型事例，展现了良好的家校沟通模式。通过这样的情感育人方式教育学生知感恩、明事理，比书本上单一的情感传授效果更好，有利于培养学生的情操。情感教育的目的在于激发学生情感的自然流露，在引起情感共鸣的同时，开展大学生理想信念教育，帮助他们树立正确的价值观念。情感育人作为一种隐性思想政治教育，具有隐蔽、广泛、愉悦和持久等主要特征。现在的大学生大多是"00后"，学生的个性鲜明，比起以往的说教式教育方式，他们更愿意接受开放式、创新性的现代教育模式，比如利用新媒体互动教学、开展实践活动情感教学等。

在上述案例中，该校通过营造"成人礼"的文化氛围，从情感育人角度出发，在大学生即将步入成年阶段的关键时期，以一种极具仪式感的形式组织开展"成人礼"系列活动，特别是在典礼颁奖环节，穿插了校领导赠书、专家老师颁奖、优秀教师分享等环节，给处于三观形成时期的大学生前进的动力，同时，典型人物的表彰和典型事例的宣讲还给全校大学生树立了榜样，起到了模范示范作用。

三、校园文化活动融合显性教育和隐性教育的趋势与展望

时代在发展，社会在改变，纷繁复杂的社会环境给高校的思想政治教育带来了巨大挑战。不同的历史时期对学生有不同的教育要求，我国已进入新时代，社会的主要矛盾在发生改变，国家建设发展对大学生也有新的要求，大学生自身的发展特点也不尽相同。大学生要找到与自身相契合的发展道路，就要求高校在开展校园文化的同时兼具多样性和个性化的发展方向。开展校园文化活动主要是满足大学生日益增长的精神文化需求和通过活动培育大学生优良的精神品质和高尚的道德情操，以此丰富大学生的课余生活，提高大学生的思想文化素养，弥补课堂教学的不足，促进显性教育与隐性教育的有效融合，协同推进高校思想政治教育。

（一）在校园活动的内容策划上应符合学生自主性特征

校园文化活动的内容是丰富的，可以传承中国优秀传统文化，使学生领悟独特校风校训。但是随着学生自主意识的觉醒与提高，学生接受新事物的能力越来越强，一般的文化活动内容对当下大学生来说缺乏足够的吸引力，所以怎样吸引学生的注意力，提高学生的参与度是开展活动需要思考的问题。应通过提升学生的个人自信心增强学生的文化自信，凸显学生独特的个性。以某高校组织的青出于蓝合唱团为例，这个合唱团是一支由理工科师生组成的艺术类群众性业余合唱团队。合唱团本着提升工科学生艺术素养、展示工科人精神风貌、助力精神文明建设的宗旨，通过对内对外的各种演出与交流活动，倡导积极的人生态度，促进校内外业余合唱事业的发展。这样的校园活动极大地鼓动了同学陶冶艺术情操的热情，结合学生实际，整体呈现个性化的特征。通过开展丰富多彩的文化活动，打造特色校园文化，实现以文化人、以文育人。[①] 高校应以丰富的活动内容，打造富有品牌特色的文化活动，从而促进学生德育的发展。

（二）在校园文化活动的组织形式上加强创新

随着科学技术的不断改革与发展，传统的校园文化组织形式也在发生变

---

① 徐晓宁：《高校思想政治教育与校园文化建设互动模式探析》，《思想理论教育导刊》，2019年第6期，第149页。

革，社会不断涌现新事物和新科技，所以在开展校园文化活动时要注意转换方式。在开展校园文化活动时，要注意以校园文化特色和校园文化精神为底蕴，创新各种形式的文化活动，增强文化活动对学生的吸引力。例如某高校在举办"墨香千年"的传统文化知识竞赛时学习借鉴"一站到底式"的比赛形式，吸引了众多参赛者，活跃了现场气氛，而且在比赛间隙加入观众互动的环节，提升了大众参与度，获得了学校老师和学生的一致好评。

（三）建立完善的校园文化活动的领导组织体系

校园文化活动是高校立德树人的重要载体，所以需要有保障活动顺利开展的领导组织体系。对于校园文化活动的开展，不仅需要学生的积极参与，更需要学校领导和教师的大力支持，以保障活动的顺利开展。由于思想理论教育大多数都是课堂教育模式，课堂教学是进行教育的主阵地，而文化活动只是一个辅助渠道，这是隐性思想政治教育的过程，需要一个长期的潜移默化的文化环境的熏陶，学校开展大型的文化活动需要投入一定的财力资源和物力资源，所以更需要学校领导组织的有力支持，以确保校园文化活动的顺利开展。

第二节　搭建社会实践活动平台推进融合

对于高校大学生而言，课堂阵地虽然是高校思想政治教育的主阵地，但是囿于教育的实效性和受教育者的实际接收教育信息能力，教育效果并没有实现应有的期待。所以在以课堂教育为主阵地的同时，还要协同开展社会实践活动，通过实践育人推动大学生思想政治教育改革创新。传统教育空间以高校教室课堂为主，但是社会实践，特别是大学生志愿服务活动通过教育空间的转换使大学生在新的环境中接受教育，使高校大学生的思想政治教育得到进一步深化。

一、高校社会实践活动有关研究

社会实践是进行各项教育的载体，也是高校开展思想政治教育的第二课堂，对增强高校思想政治教育实效性具有重要意义。社会实践活动的形式是伴随着我国教育的发展而变化的。自新中国成立至今，大学生社会实践经历了从萌芽到起步、从初步发展到规范化发展，再到现在参与人数不断增加、队伍扩大、要求提高等阶段。社会实践活动往往伴随着教育方式的改革而产生和发展，在不同的历史时期社会实践活动的形式具有其差异性。社会实践活动开展的形式是显现的，但是其传递的思想政治教育内容是通过无形的熏陶而实现的教育效果。

除了国家层面对于大学生社会实践活动的重视，关于社会实践活动的发展，许多学者对此也进行了梳理。

首先，关于社会实践活动在思想政治教育中的作用研究。王磊从内蒙古当地的乌兰牧骑社会实践活动出发，结合当地特色，探究了乌兰牧骑实践活动中蕴含的思想政治教育价值，指出了乌兰牧骑活动的导向价值、凝聚价值和实践价值，以特有的民族文化增强了大学生的政治认同感，发挥了实践活动的独特作用。其以一种隐性教育的方式潜移默化地将爱国热情与民族认同传播给了当地大学生，提升了大学生思想政治素质。[①] 郭慧从现实情况出发，探析了社会实践活动在思想政治教育中的地位，从而强调社会实践活动对于增强思想政治教育实效性的作用。郭慧认为，"社会实践拓宽了思想政治教育的途径，丰富了教育内容，其对思想政治教育的影响是多方面、全方位的，同时社会实践在整个思想政治教育中所显现出来的成效不是一蹴而就的，它是一个潜移默化的过程"[②]。通过红色资源教育基地、纪念馆等，学生领略到英雄的爱国之志和报国热情，自觉履行爱国义务。

其次，关于社会实践活动存在问题及对策研究。张超认为高校组织开展社会实践活动目前普遍存在着重理论轻实践、师生参与度较低、成果转化困难、考核制度不科学、实践平台不足等问题，需要高校通过转换思维模式、加强部门联动等方法深化创新创业活动的育人成果，制定客观的评价标准和考核方式，完善社会实践基地的运行机制，以优化创新创业的人才培养模式提升大学生的综合素养。[③] 莫春梅从微观角度出发，以"90后"大学生群体为主要研究对象，探讨了社会实践活动在高校开展中存在的具体问题。她认为学生对社会实践活动认识不够，参与度不高，此外，高校本身缺乏一定的科学管理和稳定持续的实践基地。对此，她也提出了相应的解决措施，从建立激励机制、拓宽

---

① 王磊：《乌兰牧骑社会实践在大学生思想政治教育中的作用探析》，《集宁师范学院学报》，2021年第43卷第3期，第95～97页。

② 郭慧：《社会实践在思想政治教育中的地位和作用》，《湖南工业职业技术学院学报》，2020年第20卷第4期，第53页。

③ 张超：《大学生社会实践活动存在的问题及对策研究》，《商丘师范学院学报》，2021年第37卷第7期，第94页。

实践渠道和优化实践基地等方面具体解决存在的主要问题，以此增强社会实践活动开展的实效性。①

最后，关于社会实践活动路径探析。崔洋提出要在社会实践探索过程中，从创新主题内容、创新工作形式、创新宣传推广三方面发力，做好方案设计、普及科学方法、提升实践效果、建设长效机制等，实现实践育人的实时化、全程化、纵深化，确保社会实践的育人效果得到进一步提升。②

二、开展社会实践活动的现实境况

社会实践活动的类型是多样的，目前社会实践活动主要是作为高校思想政治工作的辅助形式而开展的。胡树祥等人根据大学生社会实践所占有的资源以及展开的场域等方面将大学生社会实践分为课程学习中的社会实践、校园社会实践、校外社会实践活动三种类型。③ 不同的类型包含着不同的内容，课程学习中的社会实践活动包括课堂实践、专业实践和综合实践，校园社会实践活动包括文明修身类活动、文体艺术类活动、校园志愿服务和勤工助学类活动、创新创业实践活动，校外实践活动包括社会调查、校外志愿者服务、生产实习等。

当下高校特别注重对社会实践活动的开展，认为课堂教学是开展思想政治教育的第一课堂，社会实践活动是开展思想政治教育的第二课堂。课堂教学是教师通过有目的、有计划、有组织的教学实践向学生传递知识和讲述观点的显性教育，主要通过面对面的班级教学方式对学生直接传输相关的思想政治教育理论知识。但是通过课堂教学的方式还远远不够达到相应的教学要求，尽管教师可以通过备课讲述大量理论专业知识，但是学生接收信息的能力是有限的，许多学生对于教师单方面的灌输教育方式感到枯燥乏味，所以有必要辅之以隐性思想政治教育的方式即组织开展各种社会实践活动进行潜移默化的影响和熏陶。社会实践活动就是通过隐性教育的方式进行辅助教学，更多的是要求学生发挥他们的主观能动性，以此自觉感悟教育知识。部分高校利用寒暑假的时间

---

① 莫春梅：《"90后"大学生社会实践存在的问题和策略思考》，《四川文理学院学报》，2015年第25卷第2期，第125~128页。

② 崔洋：《以社会实践为载体加强思想政治工作现实路径探析》，《北京教育（德育）》，2020年第11期，第45页。

③ 胡树祥、谢玉进：《大学生社会实践类型的新思考》，《学校党建与思想教育》，2009年第2期，第14页。

与一些政府机关及企事业单位合作，或是通过开展研究生支教活动为学生提供了锻炼自己的平台。研究生支教实践活动更多的是归为志愿服务活动，通过志愿服务活动不仅增强了大学生的社会责任感，提升了他们为祖国、为社会、为人民服务的意识与能力。一方面，通过服务社会，大学生可以在实践中获得社会经验及为人处事的能力，从而在付出与实践中获得助人的快乐。另一方面，通过参与志愿活动，大学生也能根据当地特色挖掘资源带动经济发展与社会的不断进步。

以某高校非常重视研究生支教活动为例，每年都会有相应的研究生支教团去西藏等地区开展为期一年的支教活动，对于学生而言，研究生支教团活动不仅是学校锻炼学生的志愿服务活动，更是学生提升自己良好品质的有利契机。最重要的是，通过支教活动，学生可以站在教师的角度看待问题，从而换位思考教师对于学生的谆谆教诲，以提高自身的综合素质。例如某高校学生小李，通过大学期间参加各种志愿服务活动，坚定了他想要加入研究生支教团的决心，所以毕业以后他主动申请到边远地区支教，而这些志愿服务活动使小李养成了助人为乐、无私奉献的优秀品质。实现中华民族伟大复兴，需要一代又一代青年的不懈努力。以小李为例，我们能在大学生的志愿服务实践活动中看到"育人功能"对他们的影响。从这样的实践案例可以发现，目前高校对于社会实践活动的开展是有效的，而且需要在进一步的活动开展中完善其存在的不足之处。结合社会实践活动这种隐性的思想政治教育模式，是提升高校思想政治教育实效性的关键点。

【案例十六】

用青春播撒希望：某高校研究生支教团成员的成长实践[①]

一、案例背景

高校志愿服务活动为学生参加社会实践提供了契机，也培育了学生的社会责任感。研究生支教团的设立与开展是培养复合型人才的重要渠道，也是大学生展现自我的重要平台。本案例号召莘莘学子，作为当代青年大学生，要积极投身社会实践，勇担当、保初心，把个人理想与国家民族的兴旺发展紧密结合起来，为实现民族伟大复兴梦而出一份力。

---

① 本案例由西南科技大学袁茂阳提供。

二、案例梗概

小李，某高校政治学院2010级政治学与行政学专业学生，2014年加入第四届研究生支教团，于毕业后前往西藏自治区拉萨市第四高级中学支教，支教期间担任该中学高二（2）班政治科任老师及学校办公室干事。

小李在刚入学时，还只是一个普普通通的大学生，学习成绩不拔尖，也从来没有考虑读研究生。之所以最终能够加入研究生支教团并保送研究生，离不开他在大学期间参加的学校组织的各类志愿服务和社会实践活动。

大一期间，小李就加入了学校团委青年志愿者服务中心，从这个时候开始，小李就与志愿服务结下了不解之缘。一次次去敬老院探望老人、冬树刷白、大型赛事志愿服务、寒暑假支教等活动，不仅丰富了小李的大学生活，还培育了小李甘于奉献、乐于助人的优秀品质。于是在大学毕业之前，小李毫不犹豫地选择了加入研究生支教团，响应国家对青年人的号召——到西部去、到边疆去、到祖国需要的地方去。

通过小李参加志愿服务活动和支教的经历来看，可以发现志愿服务活动培育人的重要性，同时也响应了国家对青年一代的寄语与号召。以小李为出发点，我们可以总结以下志愿服务活动的育人功能与实践启示。

（一）提高大学生的公民意识

开展大学生志愿服务活动可以唤起他们的公民意识，增强对社会和祖国的认同感与责任感。在志愿服务的过程中，大学生的公民意识得到体现，对维系社会和谐与稳定具有重要意义。小李在每一次的志愿服务中都能感受到，作为社会的成员，自己的每一个细微的行为都可能给社会带来一些改变，哪怕是帮助老人过马路，寒暑假陪同留守儿童，这些活动都激发了小李的公民意识。小小的举动背后却蕴含着巨大能量，在奉献中参与社会建设，在服务中提升自己作为社会主人翁的意识，使大学生真正成为社会主义现代化建设的中坚力量。大学生志愿服务活动的开展对青年增强社会责任感与国家认同感具有重要意义。

（二）塑造大学生健全的人格品质

大学生人格品质的塑造对大学生成长成才具有重要作用。所以，各高校越来越重视大学生思想品德的培养。志愿服务精神对于大学生思想品德的塑造具有重要意义。大学生要从志愿服务中的奉献、友爱和互助中增强精神力量，坚定理想信念。想要具备奉献、友爱、互助的精神品质就必须加强社会实践与志愿服务，以此提高大学生的素质。刚进大学的大学生从紧张的高中阶段脱离出来，往往无法快速地找到人生的价值与奋斗目标，如果不对他们加以引导，他们可能会进入懒惰、消极的状态。多多参加社会实践活动,去感悟和实践"奉献、友爱、互助、进步"的志愿服务精神,对建立健全自己的人格品质至关重要。

(三)培养大学生必备的生活技能

大学生刚开始参加志愿服务活动的时候,还不具备相应的能力,通常在进行服务之前需要参加相关的培训。在志愿培训的过程中,志愿者不仅可以学会基本的生活技能,也能充分发挥自身的优势,提升志愿服务的能力。同时,通过与不同的人群交流,还可以增加大学生的社会经验。此外,参加志愿服务活动还有利于大学生了解自身特点,为将来步入社会奠定基础。小李刚刚接触支教服务时感到非常的害怕,怎么能转变为教师这个角色呢?通过专业系统的支教相关活动培训,小李也能很快地完成角色转变,他认为支教的过程他其实既是老师也是学生,这是一个互相进步和互相帮助的过程。

(四)提升大学生的综合实践能力

大学生参加志愿服务实践,有利于锻炼综合实践能力。大学生不仅要学好专业理论知识,也要勇于实践,在实践中锻炼自己的生活技能和知识才干。在实践锻炼中可以使大学生增强沟通协作能力,提升组织和管理能力。与此同时,在谋划各种活动的安排和流程时,需要大学生注重各个程序和细节,有利于增强其组织与协调能力,推进活动顺利开展,提升其社会实践能力。

三、案例评析

高校开展大学生志愿服务活动已经取得了很好的成效,但是存在的不足也需要引起重视。实践得到的经验与启示让高校也在不断思考着如何更好地完善服务活动,以此促进大学生志愿服务活动的更好开展。

(一)大学生应注重培养自身志愿服务活动的内在驱动力

大学生需要提升自身志愿服务的主观能动性。大学生在参加志愿服务活动时要发挥自身的主观能动性,积极提高自我和完善自我,要发自内心地服务别人,为帮助别人而感到开心与幸福,调动积极情绪,增强获得感。大学生要摆正自己的定位,不要带功利目的性地参与志愿服务活动,要具备为人奉献的崇高信念,而不是将获得学分或是竞争奖学金作为动力出发点。只有大学生真正从自身出发,发自内心为社会服务才能实现志愿服务实践的育人功效。

大学生需要加强自身对志愿精神的认同感。志愿者在实践之前要主动学习相关的理论知识,要熟悉志愿服务的历史发展脉络,充分了解作为志愿者需要注意的细节。特别是要了解志愿服务蕴含的精神并在实际过程中认真践行,潜移默化地影响大学生的日常言行,提升其对志愿服务精神的认同感。

强化大学生自我价值的实现意识。一方面，大学生志愿者作为有独立思考能力的个体，应提升思想觉悟，参加志愿服务实践时应该注意自我价值的实现，从自身的角度出发，主动完成实践中组织分配的任务。另一方面，要增强奉献意识和筑牢理想信念，提升自我价值，完善自我意识，以此提高社会综合实践能力。

（二）学校应加强对志愿服务的宣传和引导

学校是学生学习和生活的主要场所，对学生的成长和发展具有重要作用。学校对于学生的身心健康发展有重要影响，对于学生参与志愿服务活动而言，更是离不开学校的引导与支持。此外，学校还应该创设良好的校园环境，从而提高学生参与志愿服务活动的积极性，促进学校志愿协会的实践发展。

学校要提高学生的志愿服务意识。志愿服务意识可以帮助学生形成团结友爱、互助合作的良好习惯，有利于促进社会的发展，构建社会主义和谐社会。所以，学校首先应该培养学生的志愿服务意识，促进学生对志愿服务内容的理解与认同，积极为学生提供志愿服务的平台，增加学生参与志愿服务实践的机会，帮助学生树立全面的志愿服务意识。

学校要加强对学生隐性教育的引导。志愿服务活动属于学校的隐性教育，是一个长期而系统的教育过程，要通过志愿服务活动潜移默化地影响学生的思想与言行，引导学生向着正确的方向奋斗。此外，高校也要充分利用其他隐性资源帮助志愿服务活动的开展。例如良好的校风校纪、校园文化、学习氛围等，可以提高大学生参与志愿服务活动的积极性。

加强学校德育工作与志愿服务活动的结合，充分发挥二者各自的优势，促进思想政治教育的发展。学校思想政治教育包括德育工作，而德育工作的开展除了课堂教育以外也离不开社会实践，特别是志愿服务之类的活动。通过志愿服务实践开展德育工作，既可以深化课本上的理论知识，将理论知识运用于实践，也可以发挥德育知识对志愿服务实践的指导作用，真正将二者结合实现内化于心外化于行。因此，在学校开展的德育课程中，适当增加与志愿服务有关的内容，分析德育课程与高校青年志愿者协会实践活动的关系，着重强调该类实践在高校德育方面的重要作用，以强化大学生志愿服务活动的重要性。

用党的创新理论成果引领志愿服务。自党的十八大以来，党和国家针对青年志愿服务工作提出了一系列新理念与新观点，出台了一些新政策，推动了志愿服务工作的新发展。《志愿服务条例》的颁布与实施，从法律层面完善了志愿服务工作的短缺内容，有效维护了广大志愿者的权益，调动了全社会参与志愿服务工作的积极性，也为高校开展志愿服务活动创造了良好的环境与氛围。

(三) 大学生志愿服务组织应加强自身内部机制建设

各项工作的顺利运行离不开自身内部机制的建设，高校志愿服务工作也是如此。高校青年志愿者协会作为一个专门的社会实践组织，应加强与完善内部机制建设，从而使大学生的长远发展得到有效保障。

健全良好机制，创新运行方式。通过现有的数据来看，当前大学生志愿服务的类型缺乏一定的创新，主要体现在内容与形式等方面。大学生志愿服务基本为打扫卫生或志愿站岗等方式，以劳动服务为主，缺乏知识技能的培训，诸如支教的志愿则相对较少，在一定程度上挫伤了大学生参与服务实践的积极性，不利于其综合素质的提高。所以，高校在开展志愿服务的同时还要加强内容和形式的创新，拓展一些与学生专业知识对口的志愿服务活动，增强志愿者的实践技能，提升志愿者服务的整体质量。此外，要增设志愿者发布信息的渠道。传统的志愿服务信息的发布多以班级宣传和校园信息公示栏为主，但是由于时代的发展和网络信息的普及，这种方式的宣传对于在校大学生来说缺乏实效性，不利于志愿服务活动的开展。所以，在发布信息的时候，可以通过社交媒体交流软件宣传志愿服务活动，将志愿服务活动与现代网络紧密结合，促进大学生志愿服务活动的有效开展。

注重人文关怀，完善奖励机制。学校应该从学生的自身实际出发，制定符合大学生切身利益的机制。目前大学生志愿服务在一定程度上是从学校的发展需求出发而考虑的，对于大学生践行志愿服务的奖励机制比较单一，多数是与学分或成绩挂钩的关系，缺乏对学生自身需求的有效关注。大学生志愿服务活动的开展具有公益性，所以应当充分给予大学生人文关怀等方面的关注与支持，才能使大学生充分感受到学校和集体的温暖与关怀。同时，从人文关怀的角度出发也可以淡化学生参与志愿服务活动的功利性目标。因此，高校应该加强青年志愿者的人文关怀，让大学生在帮助他人的同时也能感受到相同的温暖。

强化情感教育，增强理想信念。高校志愿服务本质是从情感层面和精神层面为社会和人民服务的实践活动，但其实施的方式是以加学分的方式调动学生的参与积极性，这就与实际的志愿服务的理念相悖而驰，也不利于学生在实践活动中找到价值。因此，需要在情感上感化大学生，使大学生能够真正从内心出发参与志愿服务活动，提升自己的思想意识，更好地参加志愿服务活动。

三、社会实践活动融合显性教育和隐性教育的理想图景

社会实践活动是老师带领学生参与或是学生自主参与的实践活动,主要是依靠学生的自觉意识来提升他们的思想觉悟。对这种潜隐的教育模式,我们需要认真思考应该如何开展。

首先,教育者对于隐性思想政治教育要有充分认知。想要通过社会实践活动有效提升学生的思想政治素质,必须要求教育者对隐性思想政治教育有透彻的了解。隐性思想政治教育实践活动的开展要求教育者要具备多重素质与意识。隐性思想政治教育是在不知不觉中发生的,所以教育者要具备透彻的思想政治潜隐意识,这样才能在开展社会实践的过程中充分发掘思想政治教育资源,并且用一种暗喻的方式表达出来。此外,隐性思想政治教育者还要有充足的情感意识,在社会实践活动中必须要有真情实感,只有这样才能发自内心地将思想政治教育的内容融入社会实践活动之中,而不是将思想政治教育的不同形式照搬于社会实践之中。

其次,教育者要对隐性思想政治教育受教育者有清晰而准确的了解和认知。要开展好社会实践活动不仅需要教育者对思想政治教育认识透彻,也需要教育者对受教育者有充分的了解。对受教育者的认识要避免表面化,人的思想认识及品德形成的过程是一个复杂过程,受到很多因素的影响,教育者对受教育者思想的认识一定要深入思想之中,不能停留于表面感知现象,要把握思想本质。"如果教育者做不到全面准确地了解受教育者,教育者就做不到开展受教育者所希望、所需要的无形之教,隐性思想政治教育就失却了明确的针对性,其施教就是无的放矢,就不能为受教育者所默化接受。"①

最后,教育者要深刻认识隐性思想政治教育的内容。隐性思想政治教育要通过社会实践进行"二次转化",但是这个转化受到隐性思想政治教育的影响,不能直接运用理论传输的方式,必须经过受教育者的真懂和真信,才能对所学内容进行二次转化,从而将教育资源赋予社会实践活动之中,才可以成为显性教育和隐性教育融合的有机整体。一般情况下,隐性教育实践活动中的教育资源以方法论和情意形态等形式出现,在这个过程中对于教育者的要求就比较高,需要教育者将两类不同性质的内容形态进行转换,从而达到隐性思想政治教育的目的。在实践活动中,隐性思想政治教育需要将隐性思想元素渗入实践

---

① 白显良:《隐性思想政治教育基本理论研究》,人民出版社,2013年,第172页。

载体,通过参观教育基地、遍访红色纪念馆等形式表达,载体性实践活动更具有思想价值引领作用。受教育者正是在这种社会实践中将外在的有形教育转化为内心的思想指导,以提升自身素质,从而实现思想政治教育的目的。

第三节 搭建网络社交媒体平台推进融合

网络时代赋予人们很多可能性,个人的自我意识逐渐觉醒,个人的话语表达意愿提升,在网络凝聚人心的同时,教育者也在思考着教育的发展方向。思想政治教育的对象是社会中生存的各类群体,说到底还是做人的思想工作。通过网络社交媒体和各种移动客户端等平台加强与大学生的思想交流,是深入学生内心、感化学生不良思想和行为的重要环节,也是当今社会创新思想政治教育的关键节点。

一、网络社交媒体简述

网络社交媒体是伴随着互联网的发展而逐渐发展起来的,回顾网络社交媒体的发展历程对于探索网络社交媒体在思想政治教育过程中的作用至关重要。网络社交媒体的诞生依托于互联网信息技术的高速发展,但事实上对网络媒体的使用远远早于网络社交媒体概念的出现,而对网络社交媒体的应用最早起步于国外研究。有学者根据时间的发展顺序整理阐述了社交媒体的发展和存在形式,社交媒体已经成为网上内容传播的重要力量。

我国网络社交媒体的发展虽然起步较晚,但是却发展迅猛。社交媒体强调用户的主动性,具体体现为社交媒体允许用户在社交媒体上使用、创造并生成内容(UGC),从而参与到线上的交流互动。在这一定义下,诸如网络社区、微信朋友圈、QQ空间、微博等社交应用,都是社交媒体的表现形态。这些对于网络社交媒体的具体论述展现了不同形式的交流特征。此外,随着网络社交媒体的快速发展,在许多研究领域也运用到网络社交媒体技术,而且研究领域覆盖面大,也逐渐向纵深发展,如公共外交领域、政府应用与产业融合领域、企业营销领域等都有广泛应用。关于社交媒体的应用研究,有学者从公共外交方面进行论述。社交媒体的传播范围广、影响力大、速度快、形式多样、内容丰富、便于监测舆情等优点,决定了其适合成为公共外交的平台,使得公共外交进入了2.0时代。

网络社交媒体打破了传统社交方式的格局，使人们的沟通更加便利了，人们可以借助网络社交平台自由表达观点，充分发挥个人的主观能动性，提高自我表达的意识。新的媒体技术催生新的发展方向，网络社交媒体的发展在各个领域都不断向纵深方向推进。然而，不论信息技术如何快速发展，应用的主体始终是现实社会中的个人或群体，所以网络社交媒体的发展始终关系着人们的思想动态，这就意味着要关注人在网络社交媒体中的思想状况，特别是对于思想政治教育者而言，网络社交媒体的发展促使教育者必须关注网络思想政治教育。如今网络新媒体不断发展变革，网络媒体利用其碎片化、可视化、个体性和开放性的传播特点相较于课堂、书籍和文字等传统教育方式更具有感染力。一些高校对于网络社交媒体的快速发展把握不足、理解不深，未能充分发挥网络中的隐性思想政治教育资源的积极作用。就思想政治教育形态而言，网络社交媒体是人们日常生活中应用的沟通载体，所以对人的影响是一种潜移默化的熏陶，就形式来说是看得见的相对显性的思想政治教育，但是在内容互动上又是内隐的思想政治教育资源，所以对于网络社交媒体应该着重研究且不断加大网络资源的开发力度，向更广领域和更深内容方向发展。

二、网络社交媒体在思想政治教育过程中的现实应用

互联网信息技术的发展影响着许多学科的发展，带来了许多机遇，也面临着诸多挑战。网络是现代社会人们赖以生存的空间，互联网的出现促使许多学科的研究不限于现实生活，也延伸于网络世界，打破了传统的时间与空间的局限，引领着学科前沿问题的发展研究。

《关于进一步加强和改进大学生思想政治教育的意见》要求努力拓展新形势下大学生思想政治教育的有效途径，积极形成线上线下思想政治教育的合力。网络思想政治教育开启了进行网站创新、强化平台建设的新阶段。陈凤鸿认为，"网络社交平台具有信息共享的特性，已经逐渐成为学校实现思想政治教育信息传播的重要载体"[①]。一方面在当前社会中，利用网络社交平台可以进行线上和线下的交流互动，包括线上教学和线上思想交流等形式。另一方面，利用网络社交平台可以实现无隔阂和无障碍的交流，使学生对教师可以敞开心扉，减少当面互动中教师权威的压迫感，从而避免学生产生逆反心理，以便更好地解决学生的思想问题，促进思想政治教育的有效传播。因此，高校要

---

① 陈凤鸿：《网络社交平台的思想政治教育功能》，《新闻战线》，2018年第22期，第37页。

利用网络社交平台不断加强思想交流，更好地进行思想政治教育。

中国互联网络信息中心（CNNIC）在京发布第 47 次《中国互联网络发展状况统计报告》显示，"截至 2020 年 12 月，我国网民规模达 9.89 亿，较 2020 年 3 月增长 8540 万，互联网普及率达 70.4%"[1]。这说明了当前互联网对人们学习和生活的影响之大，特别是网络社交媒体对人们互动方式的改变，在行为互动的交往模式下也映射出网民群体的思想价值取向。其中，青年群体是使用网络的主要群体，同时担负着社会主义建设的重大使命，因此其在网络社交媒体中的表现需要引起重视。在高速发展的网络时代下，时刻关注人们思想状态的变化，要熟悉网络发展的特点，特别是网络社交媒体的发展。黄楚新等人认为："人们通过社交软件等新媒体平台可以有'言说'、与他人'互动'的权利，甚至成为'偶像'获得他人崇拜的权利。"[2] 现在许多应用软件都开发了评论互动的功能，人们可以在各种交友软件、社交软件及视频软件下面发表自己的观点和看法，其传输的思想观念也在不知不觉中影响着个体及社会群体的价值取向，这增加了思想政治教育的难度。教师可以通过网络了解学生的思想动态，以此更新思想政治教育工作方法，更好地开展思想政治教育工作。现在多数高校都开展了网络思想政治教育，网络社交媒体方便了教师的教育教学。特别是新型冠状病毒肺炎疫情发生以来，高校普遍都采取线上教学的方式，利用各种软件 App 进行线上教学，例如钉钉、腾讯会议等，打破了囿于时间和空间观念的传统教学模式，最大限度发挥了网络社交媒体的作用。网络社交媒体更在日常生活交流中发挥着重要作用。

高校依托网络信息交流软件开展隐性思想政治教育的方式已经很常见，它拉近了师生之间的沟通距离，使学生可以敞开心扉地表达自己内心的想法，从而增进师生之间的信任感，实现了较好的教育效果。

此外，可以通过网络文本的各种形式，例如音频、图像、短视频还有直播等数字信息载体形式，将蕴含丰富隐性思想政治教育内容的优秀网络资源向大学生群体推送。在对学生的日常管理中也有许多利用社交网络进行有效沟通的案例。利用网络社交媒体解决问题并且传递隐性思想政治教育的核心思想内容，通过线上交流的形式进行沟通，不但解决了学生现实生活中的实际问题，而且还能站在学生的角度，从学生的视角出发理解学生，引导学生自觉解决问

---

[1] 《中国互联网络发展状况统计报告》，http://www.cnnic.net.cn/hlwfzyj/hlwxzbg/hlwtjbg/202102/t20210203_7136.htm。

[2] 黄楚新、商雅雯：《新时代背景下青年网络社交媒体素养的建构》，《中国青年社会科学》，2018 年第 37 卷第 5 期，第 79 页。

题，在这个过程中可潜移默化地提高学生认识问题的深度，增强思想政治教育的实效性。

三、网络社交媒体应用于思想政治教育的未来展望

伴随着新时代发展背景下人类知识的不断更迭和教育方式的创新发展，传统的思想政治教育内容和方法在教学实践中缺乏一定的针对性和有效性，已无法满足大学生日益增长的主体性和自主性，这就要求高校思想政治教育应充分整合教育资源、创新教育方法，推进显性思想政治教育和隐性思想政治教育的协同育人模式发展。

课堂教学作为一种显性思想政治教育方式，无论是思想理论专业课程还是其他教学课程都具有重要的育人作用。应根据新时代对大学生的思想政治教育要求以及学生的认知规律和发展特点，不断创新思想政治教育载体和方式，增强不同专业和思政学科之间的交流，促进思想政治理论课与其他课程的育人合力。此外，借助课程教学的显性思想政治教育模式，利用网络社交媒体这种隐性思想政治教育资源开发"互联网＋思想政治教育模式"，利用移动互联网带来的便捷打通线上和线下的沟通壁垒，这就为传统的显性思想政治教育方式赋予了隐性思想政治教育的内容。通过移动互联网平台，教师可以充分地把显性教育与隐性教育融合从而实现教育的目的。网络社交媒体的快速发展也为思想政治教育的创新发展提供了有效契机，可利用网络新媒体挖掘其蕴含的思想政治教育资源，通过各种现代化的数字信息技术表现出来，充分对接现代大学生的思想需求。

高校可大力加强对抖音、微博、哔哩哔哩（B站）等学生喜欢的网络媒体的研究和使用，开通相关高校网络社交媒体账号，制作与发布学生喜闻乐见的内容，运用学校官网等校内媒体打造育人平台，有针对性地引导网络社交媒体在大学生思想政治教育的过程中发挥正能量，弘扬网络主旋律。要重视网络社交媒体在高校教学与校园生活中的重要地位，充分运用网络社交新媒体话语和技术，创新思想政治教育的表达方式，增强思想政治教育的针对性和感染力。实践证明，利用网络社交媒体发挥互联网对思想政治教育的功能具有可行性且具有发展的趋势。总之，网络生活化和生活网络化是当下社会发展的必然趋势，要利用好网络这个最大变量使其变成最大增量。特别是对于思想政治教育学科而言，要提高信息灵敏度，着重分析网络这个复杂环境所带来的各种社会思潮的变化，把握网络上各种社会舆论与现象对大学生思想价值观的影响，要

持续跟踪互联网的发展动态,将网络社会媒体的发展纳入高校课程教学的协同育人体系。

  高校各级职能部门要在日常的事务中跟进与学生的互动交流,思想政治理论课教师要发挥带头引领作用,加强对学生正确世界观、人生观、价值观的有效塑造,以网络热点内容作为课堂显性教育的关键切入点,激发学生的学习兴趣,在课后积极通过线上讨论互动的形式回应课堂内容,以此利用丰富网络资源实现显性教育与隐性教育的融合。学校各级领导也要注重对网络平台与思想政治教育相结合的统筹规划,要做好课程安排的顶层设计,建立相应的线上线下课程教学评价激励机制。网络时代社会社交媒体的发展潮流不可逆转,坚持显性教育与隐性教育相统一是高校思想政治教育改革发展的需要,特别是网络化时代思想政治教育呈现的不同形式彰显着显性教育与隐性教育在目标和功能上的同构性与互补性。

  由此,在网络社会发展的过程中,我们必须利用好网络社交媒体这个载体,顺应网络时代信息化的发展潮流,充分运用各种网络新媒体来回应思想政治理论课改革创新的现实诉求,坚定推进思想政治教育显性教育与隐性教育相统一。在高校教育教学的实践过程中也要加强教师对网络思想政治教育资源的开发与应用,思想政治理论课教师及各个专职教师也要充分运用网络社交工具开展线上线下相结合的思想教育,要增强思想理论课显性教育与隐性教育的同向同行,使高校思想政治教育在网络隐性教育模式下得到更好的发展,以此实现育人目的。

参考文献

边占水，杨春梅，2019. 高校思政教育应坚持"显性教育"和"隐性教育"相统一［J］. 青春岁月（26）：140.

曹金龙，2019. 关于新时代思想政治教育显性教育和隐性教育相统一的思考［J］. 思想理论教育（12）：58－63.

曹银忠，胡树祥，2010. 新中国成立以来大学生社会实践活动的回顾与展望［J］. 思想理论教育导刊（5）：84－88.

陈萌，姚小玲，2014. 新时期高校思想政治理论课教师队伍建设的问题与对策研究［J］. 思想教育研究（12）：84－87.

崔洋，2020. 以社会实践为载体加强思想政治工作现实路径探析［J］. 北京教育（德育）（11）：45－47.

杜玥，2021. 新时代做好思想政治工作须将显性教育与隐性教育相结合［J］. 北京教育（德育）（9）：57－61.

冯雅静，吴玉涛，武彧，2021. 新时期高校思想政治教育中显性教育与隐性教育协同发展的路径探索［J］. 鄂州大学学报，28（2）：69－71.

关诗雯，袁野，王真新，2021. 高等学校"三全育人"研究述评［J］. 河南科技学院学报，41（4）：59－64.

韩婧，2014. 论大学生隐性思想政治教育［D］. 山东：聊城大学.

何智松，杨兰芳，2020. 探析渗透原则在高校思想政治教育中的运用［J］. 智库时代（14）：197－198.

侯清，2020. 高校思想政治教育隐性教育方法及其运用探析［J］. 佳木斯职业学院学报，36（7）：11－12.

胡大平，2019. 坚持显性教育和隐性教育相统一　全面提升高校立德树人水平［J］. 思想理论教育导刊（7）：79－83.

胡楠，2021. 新时代"00后"大学生价值观的培养路径研究［J］. 产业与科技论坛，20（21）：97－98.

黄建军，赵倩倩，2020. 高校思想政治教育显性教育和隐性教育相统一的内在逻辑与路径优化[J]. 思想教育研究（11）：118－122.

姜延博，2021. 高校思想政治教育显性教育和隐性教育相统一的实践路径[J]. 重庆理工大学学报（社会科学），35（1）：156－162.

蒋占峰，2008. 高校思想政治理论课教师兼任辅导员的几点思考[J]. 思想理论教育导刊（9）：88－91.

李爱民，2019. 浅谈高校思想政治教育工作的几个基本原则[J]. 青年与社会（21）：159－160.

李传阳，2021. 构建显性教育与隐性教育相结合德育模式促进大学生诚信品质提升[J]. 中国多媒体与网络教学学报（上旬刊）（5）：210－212.

李春会，2013. 思想政治教育的显性方法与隐性方法[J]. 现代教育科学（4）：64－68.

李达，张瑞才，2021. 社会治理共同体：一个文献述评[J]. 湖北社会科学（3）：56－66.

李国栋，朱灿平，1999. 坚持"三全"育人注重思想政治工作实效[J]. 中国高等教育（24）：14－15.

李洪磊，2019. 高校大学生网络思想政治的显性教育与隐性教育研究[J]. 科技资讯，17（6）：233－235.

李娟，2015. 政治文化视野下的网络社交媒体功能[J]. 苏州大学学报（哲学社会科学版），36（2）：32－36.

李晓华，袁晓萍，2018. 高校立德树人的时代内涵和实践路径[J]. 高等教育研究，39（3）：70－73.

李新灵，2021. 显性教育和隐性教育在高校思想政治教育中的结合[J]. 科教导刊（7）：85－86+144.

李珍，2016. 显性教育和隐性教育在高校学生思想政治教育中的整合[J]. 河北企业（9）：155－156.

李忠军，刘建璋，2020. 无产阶级思想政治教育的立场、任务与实践原则——基于马克思恩格斯相关论述的考察[J]. 教学与研究（1）：24－31.

刘剑波，李克全，2004. 大学生寝室文化建设与综合素质培养[J]. 重庆工业高等专科学校学报，19（4）：94－96.

刘润，王小莉，2020. 高校"三全育人"工作路径与机制的探索实践[J]. 思想教育研究（6）：115－118.

罗媛媛，2012. 网络时代的高校隐性思想政治教育[J]. 江汉论坛（12）：31－33.

骆郁廷，王巧，2021. 大学生网络社交圈层化及其思想传播的空间分布[J].

学校党建与思想教育（5）：30－33.

马丽娇，2019. 红色话剧在高校思想政治教育中的育人功能研究［J］. 高校辅导员（6）：60－64.

马书文，2010. 新时期优化高校青年教师师德师风建设环境研究［J］. 教育探索（4）：15－16.

莫春梅，2015. "90 后"大学生社会实践存在的问题和策略思考［J］. 四川文理学院学报，25（2）：125－128.

潘峰，2014. 大学生本科后进生思想教育方法研究［J］. 湖北函授大学学报，27（11）：55－56.

潘姗姗，张美容，2016. 大学生社会主义核心价值观的显性与隐性教育路径探究［J］. 山东科技大学学报（社会科学版），18（1）：101－104.

潘向，2010. 高校校园文化活动创新研究［J］. 科技传播（3）：83－84.

卿云，2019. 高校思想政治教育的显性与隐性协同育人机制探析［J］. 贵州广播电视大学学报，27（4）：42－46.

余双好，2015. 构建与课堂教学相互促进的思想政治理论课实践教学体系［J］. 思想理论教育导刊（11）：8－9.

石梅梅，王梦雪，2019. 试论高校思想政治理论课中显性教育与隐性教育的关系［J］. 大众文艺（15）：239－240.

舒立春，2021. 落实立德树人根本任务 推进"三全育人"综合改革［J］. 思想政治工作研究（8）：40－42.

孙春伟，施征雨，2021. 显性教育和隐性教育相统一的内在逻辑与路径［J］. 中学政治教学参考（40）：27－30.

孙清华，2016. 论思想政治教育"显""隐"结合的基本路径［J］. 中共杭州市委党校学报（5）：87－91.

汪琼，2015. 图书馆与移动网络社交媒体融合发展研究［J］. 图书馆理论与实践（1）：70－73.

王定华，2018. 新时代我国教育改革发展的新方向新要求——学习习近平总书记在全国教育大会上的重要讲话［J］. 教育研究（10）：4－11＋56.

王海云，2019. 高校隐性思想政治教育的困境与策略构建［J］. 太原城市职业技术学院学报（3）：76－79.

王磊，2021. 乌兰牧骑社会实践在大学生思想政治教育中的作用探析［J］. 集宁师范学院学报，43（3）：95－97.

王思源，2020. 基于高校辅导员视角下的隐性思想政治教育研究［J］. 四川职业技术学院学报，30（5）：95-99.

王文娟，2020. 融媒体背景下高职院校思想政治隐性教育探析［J］. 职业技术教育，41（5）：68-71.

王翔宇，2013. 对思想政治教育本质的认识［J］. 学理论（29）：366-367.

吴春颖，2018. 基于网络的社交媒体浅析［J］. 福建电脑，34（11）：8-9.

吴增礼，马振伟，2018. 中华优秀传统文化提升文化自信的理与路［J］. 马克思主义研究（9）：77-85+164.

武耀廷，林琛，温小平，2021. 构建一体化高校"三全育人"工作体系［J］. 中国高等教育（8）：31-33.

熊晓琳，李海春，2015. 以社会化教育引导思想政治理论课实践教学改革［J］. 思想教育研究（3）：61-64+101.

徐蓉，2019. 关于大中小学思想政治理论课教师队伍一体化建设的若干思考［J］. 思想理论教育（12）：80-85.

许瑞芳，张志恒，2020. 廓清与重释：思想政治教育的本质探究［J］. 思想教育研究（4）：54-58.

严敏，邓欢，2021. 试析高校校园文化育人体系的优化［J］. 学校党建与思想教育（16）：35-37.

杨帆，耿瑞，2021. 创新高校思政课程和课程思政协同育人机制研究［J］. 中学政治教学参考（20）：46-49.

杨增崒，2019. 显性教育与隐性教育相统一的实践辩证［J］. 学校党建与思想教育（7）：12-13.

余丰玉，2019. 思政课改革创新要坚持显性教育和隐性教育相统一［J］. 中国高等教育（20）：1.

张超，2021. 大学生社会实践活动存在的问题及对策研究［J］. 商丘师范学院学报，37（7）：94-97.

张晴，2016. 社交媒体与公共外交2.0——以美国的社交媒体公共外交实践为例［J］. 四川大学学报（哲学社会科学版）（3）：156-160.

张睿，2020. 协同论视域下高校"三全育人"实施的机理与路径［J］. 思想理论教育（1）：101-106.

张铤，2009. 论高校隐性思想政治教育的内在机理［J］. 黑龙江高教研究（8）：150-152.

张瑜，2021. 论思想政治教育网络环境的生态观［J］. 教学与研究（8）：97-104.

章波,张翮,2019. 新形势下高校思政教育中显性教育与隐性教育相融合实践探究[J]. 湖北第二师范学院学报,36(6):35-38.

赵建超,2016. 高校隐性思想政治教育的困境与应对[J]. 广西社会科学(9):212-216.

赵玉枝,胡树祥,2021. 网络思想政治教育范式转换:内涵、成因及意义[J]. 思想教育研究(6):36-42.

赵增彦,2013. 高校思政课实践教学资源多元化整合与一体化运用[J]. 东北师大学报(哲学社会科学版)(2):177-180.

郑永安,2018. 以立德树人为根本 全力构建"三全育人"体系[J]. 中国大学教学(11):11-14.

周桂菊,易启洪,2020. 高校显性与隐性思想政治教育有机结合模式研究[J]. 长沙航空职业技术学院学报,20(2):23-27.

朱志刚,2006. 论思想政治教育的隐性化[J]. 求实(2):80-82.

祝志,王鹏,林琳,2009. 加强寝室文化建设 提高学生学习动力[J]. 哈尔滨金融高等专科学校学报(3):77-78.

后　　记

　　加强和改进高校思想政治工作是高校落实立德树人根本任务极为重要的政治任务和战略工程，是培养堪当民族复兴大任时代新人的必然要求。为进一步落实中共中央、国务院《关于加强和改进新形势下高校思想政治工作的意见》，不断加强对高校推进全员全过程全方位育人的理论思考与实践探索，项目组以西南科技大学"思想有力量"辅导员工作室项目为基础，组织了长期在学生教育管理一线工作的教师和马克思主义理论学科思想政治教育专业方向研究生，以显性教育与隐性教育融合统一的视角，对高校推进"三全育人"改革实践进行了系统和深入的研究。西南科技大学马克思主义学院廖成中副教授、程晓娟老师和研究生夏玉姣、刘真君历时两年，最终共同完成了本书的写作。

　　本书得到了四川省委教育工委"三全育人"综合改革试点项目（西南科技大学依托"共建与区域产学研联合办学"体制　构建"三全育人"创新链综合改革试点）、四川青少年思想道德建设研究中心高水平研究成果培育专项（显性教育与隐性教育融合统一推进高校三全育人研究）的支持，还得到了四川省社会科学高水平研究团队（2018—2020，后备）——四川青少年思想道德教育创新研究团队的项目支持。

　　衷心感谢西南科技大学教师王娇、唐玥、袁茂阳、谭小波、陈晓燕、熊婉君及广元职业技术学院教师董洋为本书提供的案例资料！十分感谢西南科技大学马克思主义学院研究生王骄阳、李一鸣、王月为本书写作在资料收集、整理方面的辛勤付出！本书的出版得到了西南科技大学党委学工部、党委宣传部、马克思主义学院及四川大学出版社的大力支持，本书在编写中参考了多位专家、学者的研究成果，在此一并表示诚挚的谢意！

　　由于著者水平有限，书中难免存在疏漏与不足之处，恳请广大读者批评指正！

著　者
2022 年 2 月 20 日于西南科技大学